科学史家の宗教論ノート

村上陽一郎

831

中公新書ラクレ

科学史家の宗教論ノート

村上陽一郎

東京大学名誉教授
国際基督教大学名誉教授

831

中公新書ラクレ

まえがき

ドストイェフスキーの名作『カラマーゾフの兄弟』（邦訳は、米川正夫版＝岩波文庫、原卓也版＝新潮文庫、江川卓版＝集英社など、新しくは亀山郁夫版＝光文社古典新訳文庫もありますが）は、家長フョードルの下に生まれた三人（もしかしたら四人か）の異母兄弟、長男ドミートリ、次男イヴァン、そして三男アレクセイの物語ですが、何といってもその白眉は、「プロとコントラ」と題された第二部第五編第五項「大審問官」の場面でしょう。文芸の達した極致とも言われるほど、著名なものです。この場面だけではありませんが、ここで著者ドストイェフスキーが読者に伝えようとしているポイントは、ローマ・カトリシズムでも、ルター以降の西欧プロテスタンティズムでもない、まさしく正教（ロシア・オーソドキシー）の信仰を深く理解していなければ、全く近づけない境位に立つものだと思います。

もちろん、正教の信仰を持たなければならない、という意味ではありません。しかし、カトリシズムの王道と自他ともに許すイエズス会への舌鋒鋭い批判を一つの梃《てこ》にして、プロテスタンティズムでも、無論異教でもない、同じキリスト教でありながら、その〈alternative〉（もう一つの可能性）に触れているかに思えるこの場面は、正教と、それらとの違いに関して、ある程度通暁《つうぎょう》していなかったら、判ったとは言えませんし、この書に正面から立ち向かったとも言えないのも、確かなことです。

とつくにの例に頼るのは、私の悪癖と自省して、遠藤周作を引いてみます。彼は、日本では「キリスト教作家」と理解されていて、それだけで、ある種の読者を獲得し、逆に多くの人々を遠ざけているかもしれません。勿論《もちろん》、彼の文学の根底に、カトリック信仰があることは間違いありませんが、『銃と十字架』にせよ、『深い河』、そして代表作になった『沈黙』にせよ、そこに浮かび上がる遠藤にとってのイエス像は、決して西欧文化が抱き続けてきた神の栄光を身に受けたキリストではなく、むしろ汚辱と無力とにまみれたそれのようにさえ見えます。護教論に固まった目には「異端」とさえ映るかもしれないものです。しかし、それは、日本の文化を背負った存在としての作家・遠藤周作以外には、書き得なかったイエスであることは確かだ、と私は思います。

宗教とは、単なる知識の世界を超えて、人間の知・情・意の全て、ひとことで言えば「魂」と直に切り結ぶことで成立する「信仰」という営みに関わるものです。しかし、もう一方では、宗教はそれぞれの文化圏の根本となるところを造り上げる役割を果たしており、そのことについての知的な理解なくして、文化の、あるいはその所産の一つとしての文芸の世界に接近することも不可能です。

浅学の身、地球上のすべての宗教について、少なくとも知的な場面で、充分な知見をお伝えすることなどはとてもできませんが、それでも、何がしか、お役に立つことを念じて、この大きな課題に取り組んでみたいと考えています。

目次

編集協力／今井章博
本文ＤＴＰ／今井明子

科学史家の宗教論ノート

序章　教養としての宗教

制度としての宗教

宗教の本質は、当然ながら、人間を超えた何者か（通常日本では「神」とされます）への、無条件の信頼、帰依、一般的な言葉で言えば「信仰」によって始まり、「信仰」によって終わります。信仰とは、最も直接的な意味で、人間一人一人の魂、という言葉が受け容れ難ければ、内面の深奥の問題ですから、軽々に話題にできるものではないでしょう。

しかし、もう一方で、宗教は、色々な民族、色々な国家社会の中で、固有の組織を持ち、固有の行動規範をその社会のメンバーに求め、カレンダーにまで及ぶ固有の生活習慣を造り上げます。そうしたものの一部は、その社会を超えて、地球上に普遍化するに及んだりします。例えば、カレンダーの基礎を「週」と定め、一週間を七日とし、七日目を休日とする、というような生活習慣は、本来ユダヤ教に発したものですが、今や殆《ほとん》ど地球上のすべての人間社会に拡散している感があります。もっとも江戸時代の日本を考えれば、この生活習慣は全く存在しませんでしたから、基本的に、「近代化」あるいはほとんどそれと同義の「西欧化」の普及に伴った現象であることは確かですが。

少なくとも、そういう点では、宗教は、個人の内面を離れた、社会的な制度であり、逆に、個人の行動を鼓舞したり、あるいは束縛したりする何かであり、個人的に信じたり拒否したりすべき相手であると同時に、知的に理解すべき対象でもあります。この書では、そういう観点から宗教を概観してみたいと思います。

とは言うものの、これは大変な作業です。とてつもなく大きな相手だからです。ここでも、豊かとは言い難い作業で終わる結果になるであろうことを、最初にお断りしなければならないでしょう。

イスラム教の中のイエス

大学を二十年近く前に退いた私が、現在関わっている主な仕事は、日本アスペン研究所という法人が主催する、基本は企業に勤める方々を対象にしたセミナーに参加することです。このセミナーの参加者は、予《あらかじ》め指定された古今東西の様々な文典集を熟読した上で、現場入りをすることが求められています。この文典集の中に、アフガニスタンに生まれ、後に主としてペルシャ語での詩作で著名となった、イスラム教神秘主義のスーフィズム神学者ルーミー（Rumi, 1207頃〜73）の著作、『ルーミー語録』（井筒俊彦訳、中央公論新社）があります。勿論一冊全部ではなく、参加者に配られるテクストは抜粋に過ぎませんが。念のためですが、ルーミーの名前は本来はペルシャ文字で書かれ、あるいはトルコ語でも表記されますから、上に記した〈Rumi〉という書き方は、極めて便宜的にそれをローマ字に移したものに過ぎないことをお断りします。またイスラム教神秘主義の「スーフィズム」に関しては、後に論じる機会を設けたいと思います。

さて『ルーミー語録』（邦訳）の中に、「イーサー」という名前が出てくる箇所がありますｓ。訳者の井筒氏は括弧して「イエス」と注釈を入れられていますが、この点に驚かれるセミナーの参加者が、結構な数いらっしゃいます。『ルーミー語録』は、ルーミーが折に触れて、イスラム信仰に関係づけながら、弟子たちや周囲の人々に語っていたことを、弟子が纏《まと》め上げたもので、話題は、日常茶飯な事柄に広くわたっていますが、この驚きは、イスラム教とキリスト教は、過去の歴史の中で、闘争を繰り返してきた敵同士で、イスラムの指導者が、キリスト教の親玉ナザレのイエスに好意的に言及するはずはない、という、セミナー参加者一般の間に分け持たれている先入観に由来するものと推測されます。そして、イスラム教では、ユダヤ教のアブラハム（Abraham, 大略 2000 BC）をはじめ、イエスから、イスラム教創始者であるムハンマド（Muhammad, c.571～632）まで、二十五人（通説）を預言者としてリストアップして考えていることを知ると、一様に不思議そうな表情をされます。

因《ちな》みに、特にノア（『旧約聖書』におけるノアの大洪水で知られる）、アブラハム、モーセ、イエス、そしてムハンマドの五人は、イスラム世界では、預言者の中で別格の存在として尊敬されており、同時に預言者の系列はムハンマドで終わる、つまりムハンマドは「最後の預言者」であると信じられています。なお、ノアが重要視されているのは、旧約（ユダヤ教）の世界では、人祖は当然アダムですが、堕落した人類は、一旦神の手による大洪水によって絶滅され、その際神は、特別に選ばれたノアに命じて方舟《はこぶね》を造らせ、洪水から生命を助けられるすべての生き物（人間も含めて）を、方舟のノアの許《もと》に集めさせた結果、人類（全生命圏も）はノアによって再生を果たすことになっているので、ノアこそ、アダムに次ぐ第二の人祖である、と解釈されているからです。

しかし、日本社会の中で、キリスト教の開祖（という言葉が妥当かどうかはさておき）であるナザレのイエスが、イスラム教世界の中でも最も重要な宗教人の一人と考えられている、という事実は、中々常識化されてはいないのが現実ではないでしょうか。少なくとも私は、初等教育から高等教育までの間に、公的な形でそうした事実を学ぶ機会は全くありませんでした。自発的に色々な書物や文献に接することのなかで、自得した知識でした。

日本の近代化と宗教

一般的に、日本の初等・中等教育で、公教育として、宗教に関しての知識を学ぶ機会は極めて少ないのではないでしょうか。勿論、日本でも、キリスト教のミッショナリーが経営する私立の教育機関は多々あり、また、比較すれば数は少ないかもしれませんが仏教の諸宗派の学校も存在し、そういう教育機関では、自らの宗教について、生徒たちは充分に学ぶ機会があるはずです。しかし、そうした場合、どうしても、その内容は自分の宗派に関して「護教的」にならざるを得ませんし、逆に他宗派に関しての客観的な説明が行き届くのを期待することも難しい、と言わざるを得ません。

特に、西欧の歴史の中で、十八世紀以降、近代啓蒙主義が普及した結果、宗教的な事柄が、勃興する自然科学の体系に引き比べられ、非合理な、時には世迷い事と断じられる習慣が定着し、ちょうどその種の思想体系を取り込んで「近代化」を果たそうとした日本では、ガリレオ事件、ダーウィン進化論などを象徴とする「科学と宗教の闘争」という定型的な歴史観も相まって、宗教を、近代化の邪魔者と見做《みな》す傾向を色濃く備えた社会造りを試みた、と言えます。

例えば明治イデオロギーの担い手の一人、加藤弘之《ひろゆき》（一八三六〜一九一六）は、帝国大学（現東京大学）の初代総理も務めた人物ですが、若い頃は天賦人権論など自由思想に傾倒していました。あるとき翻然と転向し、明治イデオローグの先頭に立つことになります。宗教についても、若い頃は、近代化のためには人々がキリスト教の教会に行くのは歓迎すべきことだ、などと主張していたのに、後には、『キリスト教の害毒』という書物まで著して、宗教への反感を露《あら》わにします。その根拠は、彼の考える「科学的合理性」にあって、加藤はそれをダーウィンの進化論に求めています。

あるいは明治初年に政府が執った政策の一つが「廃仏毀釈」という、日本の社会の基準の一つをなしていた仏教への露骨な弾圧でした。無論その背後には、国家神道への途《みち》を求めていた神道という宗教勢力があった（と言うより、それを利用した政治体制があった）ことは確かですが、少なくとも既成の宗教からの国家社会への影響の排除という目的があったことも確かでしょう。西欧の近代化はすなわち「脱宗教化」にほかならない、という当時の常識に照らして、日本の近代化を支配した結果の一つが廃仏毀釈であった、とも解釈が出来ます。

いずれにしても、文明開化のためには、欧米のキリスト教ミッショナリーの手も借りた近代日本でしたが、そのキリスト教、あるいは仏教も含めた外来宗教に対しては、つかず離れずという戦略を取ってきたように思われます。

不十分なギリシャ正教理解

もう一つ、現代にいたる日本の、宗教を巡る社会常識として、気になるのは、ギリシャ正教についての理解です。ギリシャ正教という言葉はあっても、また、それがキリスト教の一宗派であることは弁《わきま》えていたとしても、その実態はロシア正教と読み替えられる傾向が強いのではないでしょうか。ロシア正教のシンボルが、東京お茶の水にあるニコライ堂として、親しまれてきたことも、そうした傾向を助長する因子の一つだったかもしれません。

とにかく、実際に現在のギリシャという国家が、憲法で信教の自由は認められているにせよ、公的には「キリスト教国家」であることを正式に宣言している、むしろ珍しい国であることを、私たちは忘れがちです。それにはギリシャの歴史的位置についての知識が働いているのかもしれません。古代ギリシャは、人類文明の発祥の一つですが、そのギリシャがアテナイを中心に圧倒的な力を持った文化圏であったのは、キリスト教の生まれる前、そして、オリンポスの神々の神話、あるいはそこで生まれた「哲学」こそが、ギリシャの神髄である（ある意味ではその通りには違いないのですが）と考えると、およそキリスト教と主体的に切り結ぶ接点が見えないように思われるからでしょうか。

同じ古代ギリシャを受け継いだ形の古代ローマ文化圏は、まさしく、その圏内でナザレのイエスは生まれ、かつ磔刑《たっけい》に処せられたわけですし、激しい弾圧も、反対に国教化という事態も、まさしく古代ローマ帝国によって行われた歴史的事実があります。つまり古代ローマ帝国は、私たちが何となく常識の中にある程度の知識を蓄えている「ヨーロッパ」という文化圏の成り立ちを示す出発点です。しかし、古代ギリシャに繋《つな》がるギリシャは、そうした「ヨーロッパ文化圏」の頭のところに位置しているとしても、それは学術においてであって、文化圏としては、もはや大きな意味を失っている、という考えが広がってしまっている感があります。

しかし、「キリスト教圏」という意味では、現代ギリシャは、実は極めて重要なリーダーの一つであり、しかも、西欧的な規格からは外れた〈alternative〉（もう一つの）な可能性を秘めて存在していると見なければなりません。無論、その影響は、ロシアや今問題の渦中にあるウクライナなどにおけるキリスト教の姿とも、重なるものです。

日本人の無教養

同じ源泉を持つアラブを中心としたイスラム圏に関しては、ここ半世紀以上の時間の中で、私たちの常識も大分変ったことは確かです。かつては、歴史的には、十字軍によって厳しく退けられた狂信的な宗教集団であり、現代的には、領土問題も含めてユダヤ民族と鋭く対立し、テロリズムにも走りがち、ただし、「アラブは油」というわけで、石油の供給国としては、世界史的に重要である――そういった程度の理解しかありませんでしたが、二十世紀半ばごろから、中等教育の歴史や社会科の教科書での、イスラム圏の描き方が少しずつですが、変わってきました。

しかし、東アジアにおけるイスラム教の状況について、例えばインドネシアは、基本的にはイスラム教を奉じる宗教国家であり（バリ島だけは、ヒンドゥ）、それを国是としていることなどは、忘れられがちかもしれません。

一方、歴史的に見れば、日本にとって最も重要な仏教、「ごり（み）やく（五三八年）あらたか仏教伝来」などと小学生のときから覚えさせられた、百済《くだら》から日本に渡ったとされる仏教、インドに発し、中国を経て、東漸の結果、当時の政治体制とも結んで、日本の国教的な存在でもあった仏教ですが、そして、至る所に由緒ある仏寺が存在する日本社会ですが、常識の世界で、世界における仏教の位置などについて、どこまで理解が届いているでしょうか。例えば、開祖である釈迦が、インドに生まれ、インドに没した（生没年は正確には判っていないが、紀元前六世紀前後である）ことは確かだとしても、現代インドが、仏教国と言えるか、という点には疑問無しとしません。むしろ住民の八十パーセント近くはヒンドゥ教の信奉者である、という統計があります。日本への中継国である中国や朝鮮半島でも、寺院の数は多いのですが、どれだけの信仰の力を保持しているか、ここにも疑問は残ります。

これまでに言及した宗教は、ユダヤ教、キリスト教、仏教、イスラム教、ヒンドゥ教ですが、日本の場合の神道、インドのジャイナ教、アフリカに残る土俗的宗教をはじめ、世界に広がっている様々な宗教に関して、私たちは、どちらかと言えば無関心、無教養な状態にあるように思います。既成の宗教の過去と現在、そして、それぞれの持つ現代における意味について、勿論浅学の身、充分な考察ができるとは、とても思えませんが、本書で出来る限り、考えてみることにしたいと思います。

ドストイェフスキー作品と宗教

全く別の観点からも、付け加えるべきことがあります。まえがきでも触れましたが、例をドストイェフスキーにとってみましょう。なかなか厄介なしろものですが、文芸作品として、読まないで済ますことのできない相手の一つです。『罪と罰』にしても『カラマーゾフの兄弟』にしても、キリスト教、とりわけ、ドストイェフスキー（Fedor Dostoievskii, 1821~81、ローマ字化してあります）が信奉していた、上述の正教（オーソドキシー）としてのキリスト教についての、基礎的な理解が欠けていたとすれば、恐らくは、それらの小説へ近づくことさえ困難でしょう。例えば「カラマーゾフ」ですが、家長であるフョードル、その前妻の子で長男であるドミートリと、後妻の子である次男イヴァン、三男アレクセイという三兄弟の物語です。そして、そのアクメの場面、「大審問官の場」という、極めて特殊な場面で、無神論者のイヴァンが、身も心も最も美しく描かれた弟アレクセイ（愛称アリョーシャ）との対話の中で言う「神がいなければ、すべてが許される」という決定的な一言。難解な場面としても有名ですが、文学史上最大のシーンとさえ称されるこの名作は、キリストとなった神の子イエスと、イエスの教えを中心に育ってきたキリスト教という宗教の本質への洞察抜きでは、全く理解不可能です。

カトリックの「独身制」

性格はすっかり違いますがジッド（André Gide, 1869~1951）の『田園交響楽』もまた、西欧的キリスト教に関しての、基本的な理解を背景にしない限り、全くその本質にまで届くことが不可能でしょう。余計な話のようですが、ジッドはドストイェフスキーに傾倒していたところがあり、彼の評論「ドストイェフスキー」（1923、邦訳：新潮社版『ジイド全集』十四巻所収、寺田透訳）はその重要な成果と考えられます。ジッドという人は、フランス文化の基礎をなすカトリック的キリスト教に対して、否定的な姿勢で臨み、死後フランスでの著作の刊行を教皇庁から禁じられる措置まで受け、また私生活においても、男色、婚外子をもうける、など、奔放な行動を重ねました。しかし、プロテスタント牧師と盲目の少女を主人公にした小説『田園交響楽』（邦訳：神西清訳、新潮文庫）では、カトリックとプロテスタントの聖職者のあり方の違いが、陰のテーマとなっているかのようなところがあり、ここでも、キリスト教に関する知識を欠いては、読み取れない内容が盛り込まれています。

一つだけ、その根拠を書きましょう。前提として、カトリックの聖職者である司祭は、〈caelibatus＝ラ、celibacy＝英〉(注1)と言われる制度、通常「独身制」と訳される制度を厳密に守っている、という点を踏まえなければなりません。現実には、司祭の中に、結婚して「いた」男性も、極わずかですが存在しますが、それはのちに述べるように、結婚が許されているプロテスタントの牧師が、カトリックに改宗した上で、聖職を続けたいとするとき、厳密な手続きを経た上で、司祭として働くことを許される場合があるからです。結婚ということも、教会で神の前で、男女が神の手によって結び合わされる「秘跡」である限り、人間の都合で「止めた」というわけにはいかない守り事です。カトリシズムが「離婚」を原則として認めない理由の一つがそこにあります。また司祭として「叙階」(注2)されることも、神の手によるもので、人間の側からは最も介入し難い「秘跡」の一つです。司祭職にあった人間が、女性と結婚することも、人間の世界ですから、間々起こりますが、そうした場合、その男性は司祭職を続けることはできなくなります。ただ、上に述べた理由で、叙階ということが結婚と同じく、神の手によって一旦なされた以上は、人間の勝手で取り消すことは出来ない定めです。そこで、「司祭職の停止」という考え方が生じます。司祭として叙階された男性は、生涯「司祭」であるのですが、〈caelibatus〉を犯した以上は、人間社会の中で「司祭職」として働くことは認められない、という論理が使われるのです。

他方、プロテスタント運動の創始者の一人ルター（Martin Luther, 1483~1546）は、宗教上否定されるのは「情欲」に敗けることであって、その機会を減らすためにも、聖職者は結婚すべきだ、として、プロテスタントの聖職者、つまり牧師には〈caelibatus〉は適用されないと定められています。

ジッド作品を読み解く

このことを前提に、ジッドの『田園交響楽』に戻れば、妻や子どもにも恵まれたプロテスタントの牧師と、その庇護を受けた盲目の少女ジェルトリュードが主人公の物語です。ジッドの生きた時代は、一世代前の知的驍将《ぎょうしょう》であった歴史家ミシュレ（Jules Michelet, 1798~1874）の強い影響下に、カトリック国としてのフランスの堅固な土台が揺るがされていた時期に当っていたと言えます。ジッド自身は、プロテスタントの家に生まれましたが、カトリシズムにも強い関心を示すと同時に、自身同性愛の情欲にも苛まれ、家庭の危機を招くと同時に、反信仰の動機も抱え込んでいました。

さて、純粋に慈悲の心から盲目で無知な少女ジェルトリュードの面倒をみることを引き受けた主人公の牧師でしたが、やがて、その慈悲心は、女性としての彼女への情へと変化し、少女の方も結局はそれに応えてしまう。著者ジッドの頭を去来していたのは、「マタイによる福音書」第十五章十四節にあるイエスの言葉だったと言います。イエスにとって敵となったパリサイ人に関して、イエスは弟子たちにこう言ったと書かれています。「彼ら（パリサイ人）を捨ておけ、盲人を手引きする盲人なり、盲人もし盲人を手引きせば、二人とも穴に落ちん」。ある意味で痛烈な言葉ですが、ここでの「盲人」は、生理的盲人ではなく、真実を知らない人の喩えです。そして、ジェルトリュードは、無知の状態から啓発されて、今や真実を恋うる人になっています。彼女は可能ならばと開眼手術を望みます。そして、手術が成功して、彼女が想う人として観たものは、牧師その人ではなく、その息子のジャックでした。彼女は絶望して死を選びます。そしてジャックは……。牧師である父への無言の、しかし痛切な批判として、聖職者の結婚を禁じるカトリックに改宗します。牧師は、呆然たる思いのなかで、その知らせを無言で受け取ります。

もう一つ付け加えますと、私自身は、小学校から、ある宗教的な現場で教育を受け、また大学に入学とともに、ある宗教の信仰を持つ証《あかし》を受けました。しかし本書では、そうした経緯に関して、言ってみれば、私の内面の最も深いところで起こったこと、あるいは、それを今日まで、繋ぎとめてきた、その経過については、最後に、極ささやかな記述に走るかもしれませんが、本書はそれが主題ではないことを、最初にお断りしておきたいと存じます。

［注］

1　ラテン語の〈caelebs〉即ち「結婚していない（特に男性の）」に由来する言葉です。

2　英語では〈consecration〉と言います。元はラテン語で〈consecratus〉。〈secra〉から英語でも〈sacred＝神聖な〉、〈sanction＝聖化する、是認する、という意味から転じて　悪の減殺を意味する「制裁」など〉、さらには〈sacrifice＝神への捧げもの、から転じて「犠牲」一般〉など、数多くの類縁語が生まれています。カトリシズムでは、色々な手続きを経て、正式に司祭として認められることを指す言葉です。

第1章　宗教と科学

ガリレオ事件と進化論

この問題は、私が生涯をかけて取り組んできた相手、と言っても過言ではありませんし、それだけに、すでに多くのことを書いてきましたが、やはり避けて通れない主題であり、少し整理しながら述べてみたいと思います。

一般の常識では、両者はお互いに相容れない、対立し、時には、相互に攻撃し合う、と考えられていますし、歴史における様々な事件も、それを裏書しているように見えます。最も先鋭な形と考えられる事例が二つあります。

第一は「ガリレオ事件」であり、二つ目は「進化論を巡る事件」です。ガリレオ（Galileo Galilei, 1564~1642）がコペルニクス説を土台とした『天文対話』と日本では題される著作を一六三二年に発表して、キリスト教カトリックの総本山バチカンの異端審問所に訴えられ、有罪とされた事件です。余計なことのようですが、この人物のカタカナ表記は、原語の「姓名」の「姓」にあるイタリア語の綴りから、「ガリレイ」とされるのが普通ですが、長男にはその家の名を「姓」とする（ただし、「その家の」という所有格、所謂《いわゆる》「二格」表現になるために、綴りの最後の〈o〉が〈i〉に転化されている）という彼の生地トスカナ地方の習慣に従ったもので、訳すれば「ガリレオ家のガリレオ」という形式に基づいたものです。つまり彼の家の名前は「ガリレイ」ではなくて「ガリレオ」なのですから、やはり、彼を呼ぶ姓名は「ガリレオ」とすべきでしょう。コペルニクス説が、現在私たちが科学的真理としている「地動説」を含んでいるために、聖書の記述（例えば「陽よ、止まれ」というような表現）では、動いているのは地球ではなく太陽なのだ、とされたこともあって、ガリレオの所説は聖書に反する、として教皇庁から弾劾された、という物語が一般化されています。

第二はダーウィン（Charles Darwin, 1809~82）が一八五九年に発表した『種の起源』が、聖書の『創世記』の第一章で明確に説かれている、造物主による世界創造、この「世界」の中には生物種もまた含まれている、つまり種の創造説に、正面から異を唱えることになりました。実際イギリスでこの書刊行後、直ちに宗教（イギリスですから基本的には国教会）の側から強烈な反論が出たことはよく知られています。国教会の司教であったサミュエル・ウィルバーフォース（Samuel Wilberforce, 1805~73）は、一八六〇年、英国協会での公開の論争に当たって、ダーウィンの代弁者ハクスリ（Thomas Huxley, 1825~95）に対して、「君の母方がサルなのか、それとも父方か」という刺激的な設問で、強烈な反対を表明したことで知られていますし、現代でも、アメリカの南部諸州では、公教育に進化論を教えるなら、並行して、せめて例えばＩＤ（Intelligent Design）説も教えるべき、と主張する人々が跡を絶ちません。ＩＤ説というのは、敢えて神とは言わないまでも、この自然界の精妙な出来具合から考えて、何らかの知的な存在による設計を前提とせざるを得ない、という考え方です。

『機械と神』のキリスト教告発

歴史上もっとも有名な「科学vs宗教」という構図で語られるものが、以上の二つでしょう。そのほかに、少し毛色の変わった宗教と科学（技術も含めて）の話題として、リン・ホワイトJr.（Lynn White Jr., 1907~87）の議論にも触れておくべきでしょうか。彼が一九六八年に発表した *Machina ex Deo* という書物（邦訳は『機械と神』青木靖三訳、みすず書房）の中の「現在の生態学的危機の歴史的源泉」という論考は、アメリカのみならず、世界に大きな反響を起こしました。彼は『創世記』の第一章で、神がアダムとエヴァを造った後、「地上のものすべてを支配しなさい」と語ったという件を取り上げて、ここに、キリスト教世界の、自然に対する人間中心主義的な傲慢さの象徴となるアイデアがあり、それが結局は、現在の科学・技術による自然破壊に繋がったのであるから、生態学的危機を齎《もたら》した根元の責任は、まさしくユダヤ・キリスト教が負うべきだ、という議論を展開したのでした。なお、上述の書物のタイトルは、古来ギリシャ・ローマに起源を持つ〈Deus ex machina〉というラテン語のフレーズをもじったものですが、この原型の意味は、直訳すれば「器械から出てくる神」となります。古代の演劇で、器械仕掛けから突然神が現れる様を表現したフレーズとして定着してきました。それを逆転させて「神から出た器械」として、「器械」によって科学・技術を象徴させ、「神」はユダヤ・キリスト教を指す、として、科学技術文明はユダヤ・キリスト教の落とし子であることを告げていることになります。

ホワイトは、科学（技術）が、キリスト教と対立する、という常識を覆して、キリスト教こそが、科学・技術の母であり、それゆえに、現代の自然破壊に責任がある、として、告発したわけです。従来とは全く違う視点からですが、キリスト教への激しい批判として、大きな注目を浴びました。

なぜキリスト教圏から科学が生まれたのか

歴史的な観点から考える限り、告発するか否かはともかく、近代科学（技術）文明が、ホワイトの言うように、キリスト教圏にのみ誕生し、発展したことは、間違いがありません。問題の『創世記』ですが、同じような天地開闢《かいびゃく》説の神話である日本の『古事記』と比較すると、論点は明瞭になります。『古事記』では、神々はすべて「成る」ものとされています。何となく自然に現れる、という感じです。その上、この世界は、伊邪那岐《いざなぎ》と伊邪那美《いざなみ》の男女二神の性行為から「生まれた」とされます。正式の手続きを経ないままに、言わば「野合」の状態のときは、子供は「蛭子《ひるこ》」といってまともに育たず、反省の上で結ばれた二神の間に、最初に生まれた「子供」が淡路島になっているのも、興味深いところです。

とにかく、この世界は、「生まれた」もので、「生んだ」側の期待や思惑はあるでしょうが、「生まれた」ものを調べても、親の思惑を充分に理解するわけにはいきません。

しかし。

『創世記』では、この世界は神によって「造られた」とされます。時計細工師によって造られた時計は、中を調べれば、細工師がどのような設計図の許に、作品を造ったかが鮮明に判ります。アリストテレスはその著『形而上学』（出隆訳、岩波文庫）の冒頭で、人間は生まれつき知ることを欲する、と明言しますが、そうした（宗教の立場からすれば、「そのように造られた」）人間は、自分を取り巻く「世界」（再び宗教の立場に立てば「被造世界」）を知ろうとする、知れば知るほど、造物主としての神の設計図（よく〈voluntas Dei〉つまり「神の企図」と言われます）が、判って来る喜びを得られます。結局自然の中にも、神の企図、神の創造に当たっての計画を探り当てることができる、という確信が、キリスト教圏に「科学」と名付けるかどうかはともかく、そうした営みを生み出した、ということははっきりしているでしょう。ホワイトが、ユダヤ・キリスト教が近代科学（技術）文明を生んだ母（彼自身の言葉を使えば「子宮」）であるとしたことは、逆説でも、常識破りでもなく、極真っ当な主張に違いありません。

聖俗革命の進展

そう考えれば、科学と宗教の対立と言われるものは、結局は、キリスト教によって統一体となっている西欧キリスト教圏の、内部で起こった表面的自己矛盾と見做すべき、という解釈が成り立つかもしれません。しかし、現代では、幾つかの理由で、その解釈だけで問題は解決しない事態が生まれています。

その第一点は、言うまでもなく、近代化の名のもとに、世界全体が、「西欧化」を余儀なくされ、しかも、その「西欧化」に伴う「教化」、つまりキリスト教による一体性への、土着の文化価値からの反応を無視できなくなっていることにあります。例えば、日本の場合、近代化に伴って、江戸時代厳しい禁教処置にあったキリスト教の解禁が行われ、明治体制イデオローグの一人、加藤弘之は、明治初期には、キリスト教は日本の近代化を進めるのに必要で、天下の子女が教会に出入りするのは、結構なことだ、と言っていましたが、後年、一九〇七年には『吾国体と基督教』、さらには、一九一一年『基督教の害毒』という書物を著して、日本が目指す国体の理想に最も障害となるのがキリスト教だ、と論じたのは見事な典型でしょう。

そうした立場に立てば、同じ母体の産物である科学は、キリスト教を攻撃する最大の武器として使われます。稀代のオポチュニスト加藤弘之は、若年時は、自由民権思想にかぶれ、維新後素早く転身してそれまでの著作はすべて絶版にして、一八八二（明治一五）年「科学に基づく」新しい主張を展開するのですが、そこで言う「科学」とはダーウィンの進化論でした。実際幕末から維新期に発表された「排耶書」（反キリスト教を主題とする書物）の多くが根拠とするのが進化論であったことは、注目すべき事実です。

第二の点は、十八世紀以降、西欧キリスト教圏に拡大し始めた「世俗主義」（secularism）の問題です。言い換えれば、自らの編み出した価値観に基づいて、西欧文化圏自体が「脱宗教化」を目指し始めたのです。例えば近代的価値の成熟とでも言える現象の一つの結果である、別項でも論じた「政教分離」、政治の実際に宗教が介入することを禁じようとする方向性です。何のかのと言いながら、現代国際世界で、「近代化」を全うしようとしている国々は、全体の二十パーセントに満たないという統計がありますし、人口で考えたら、この数値はさらに低くなるでしょうが。

こうした点は、学識の世界にも拡大します。学問は、宗教的基盤を離れても存在し得るし、そうでなければならない。かつて私はそれを「聖俗革命」と名付けたことがありますが、それはともかく、神学から離れた哲学、神学から自立した哲学、神を持ち出さなくても論じられる知的範囲は無限に広がる、そうした考え方が芽生え、その方向に走り出したのが、西欧近代であった、と考えられるのです。無論、この作業は一朝一夕にできるはずはありません。徐々に、議論の足場を固めて行きながら、発展させるほかはありません。しかし、例えばカント（Immanuel Kant, 1724~1804）が、道徳をはじめ、人間に関わるすべての物事の根拠を人間、あるいは人間理性に置いたことはよく知られていますが、その論述の成功・不成功はともかく、その意図は、まさしく人間に関わるあらゆる議論を神抜きで行ったらどうなるか、という実験であったと捉えることが出来ましょう。

ニュートンは「科学者」ではない

科学として今私たちが認めている学問体系は、色々な機会にすでに書いてきた通り、十九世紀半ばに漸《ようや》く成立します。冗談ではない、一七二七年に死んだニュートンはどうしてくれる、ガリレオは、コペルニクスは……とお怒りの声があることは判ります。しかし、つまらないことのようですが、ニュートンも、彼が行っていた営為は断じて私たちが理解しているような意味での「科学」ではありませんでした。一つは彼ら自身が自分の学問体系を「科学」とは呼ばなかった、という事実にあります。彼らの領域は「哲学」以上でも以下でもありませんでした。彼の「物理学」（この概念も、当時は全く存在しませんでした）上の仕事を書き述べた主著のタイトルは〈*Principia mathematica philosophiae naturalis*〉つまり、「自然哲学の数学的原理」であって、「科学」（英語で現在使われている〈science〉）とは無縁でした。

二つ目は内容です。例えば、ニュートンは、我々の言う「万有引力」の提案者ですが、彼は、それが、力を伝達する媒体抜きで遠隔的に作用することを、最終的には神に帰して考えていました。完全に「神抜き」の学問体系の存在を、ニュートンは未だ標榜してはいませんでした。

第三には、名称の問題があります。「科学」に携わる人を、私たちは「科学者」と呼びます。ニュートンの母国で言えば〈scientist〉です。しかし、この言葉はニュートンの頃の英語の中には影も形もありませんでした。「物理学者」(physicist) に至ってはなおさらです。

英語の中に〈scientist〉という言葉が登場したのは、一八四〇年前後のことです(同じことが〈physicist〉についても言えます)。つまり十九世紀中ごろになって、初めて、「科学者」が携わる「科学」も、「物理学者」が携わる「物理学」も、西欧世界に姿を現した、ということになります。宗教の軛《くびき》から逃れた、あるいは統一原理としての神学から自立した、独立した個別の学問領域が、十九世紀になって初めて存在するようになった、と言える事態を、この考察は明らかにしています。

再びガリレオ事件とダーウィンを考える

そのように考えると、例えばこの項の最初に「科学と宗教」の対立を示す二つの事例を挙げましたが、その前者、つまり、ガリレオ事件は、明らかに「科学と宗教の対立」という図式から除外しなければならなくなります。何故なら、ガリレオの時代に「科学」などは存在しなかったからです。改めて解釈しなおせば、あの事件は、宗教世界内部での問題でありました。実際ガリレオ裁判なるものの訴追事項は、地球が動いているか否か、というところにはなく、かつて教皇庁に対してガリレオが、コペルニクス説を擁護しない、という誓約を行っていながら、『天文対話』を刊行することでそれを破ったのでは、という点にありました。第一、あの著作は教皇庁の出版許可部局の承認を得て出版されたもので、その内容によって訴追されるのであれば、教皇庁自身が酷い自己撞着を犯すことになってしまいます。

ダーウィンの事件は、確かに、西欧圏に「科学」という自立した学問体系が確立し始めた、丁度その時期に起こった事件でした。その意味では、両者の側が譲れない対立構図の中に置かれた、と考えられます。この構図では、科学は、それまで宗教が果たしてきた役割を引き受けて、知識世界全体を統一する基礎体のようにさえ、思われるだけの信頼性を獲得しつつありました。再度加藤弘之に戻れば、加藤は、若き自分が信じた自由民権、人間はすべて自由で平等な権利を有する、という考え方を駁撃《ばくげき》する武器として「物理の学」と彼が表現する科学的真理、加藤にとってそれはダーウィンの進化論だったわけですが、すなわち「科学」を選んだわけですし、一九〇四年、日露戦争勃発にあっては、「進化学より観察したる日露の運命」と称する、珍妙な論考さえ公表することになるのです。日露戦争で日本がロシアに勝つのは、科学が立証している、と言うのです。

科学は宗教の代わりになれるのか

それでは、宗教が果たす役割を、科学が果たすことが、本当にできるのでしょうか。科学の定義は、デカルト（René Descartes, 1596~1650）の心身二元論を出発点にしている、と私は考えています。彼は、その著『方法序説』（谷川多佳子訳、岩波文庫）の中で、全く存在様式の異なる二つの「実体」、すなわち「もの」と「こころ」とを措定しました。前者は、空間の中に何がしかの「広がり」を持つものとして規定され、それは簡便な言葉を使ってしまえば、客観的にその存在を確かめられる何か、ということになります。他方「こころ」は、そういう意味では主観的で、客観的な存在様式を持たないにもかかわらず、「我惟う、ゆえに我在り」という形で、誰にも疑われることなく確実に存在する何か、です。そして「科学」はいつしか自らを「客観的」として規定することを旨としてきましたので、必然的に、時間・空間の中での「もの」の振舞いを考察するものとして、自己規定を行ってきたと言えます。言い換えれば科学的探究では、デカルト的な「こころ」は対象外でしかないことになります。

それでよいではないか。現在AIの研究は、意識や「こころ」などの領域も、脳や神経系その他の身体的な振舞いの集積体として、解明できる、という確信を前提として進められています。あるいは、そうした領域での現象は、ゲルマニウムやシリコンを素材とする論理素子や、ケーブル、その他もろもろの物質系で出来上がった人工頭脳で、概《おおむ》ねは再現できる、という確信が上乗せされています。そして、その確信は、今までのところ決定的に裏切られてはいない、と言えるかもしれません。

ここで、私はＷＨＯ（世界保健機関）の総会で長年議論されてきた一つの論点を思い出します。時は一九九九年、その年の総会で一つの提案がありました。健康の定義として、身体的、心理的、社会的に完全に良好な状態〈complete physical, mental and social well-being〉とされてきたが、それでは不十分である、〈spiritual〉を加えるべきではないか、という提案でした。その際は諸般の事情で採決には至らず、その後も審議未了の形になっているはずですが、この「スピリチュアル」という言葉の邦訳は、かなり面倒です。この点は項を改めて詳しく考えてみたいのですが、日本でスピリチュアルというと、何処か胡散臭《うさんくさ》いオカルティズム、「心霊主義」あるいは「心霊術」、「交霊術」などを想起する人々も多いのではないかと思われますし、実際そういう場面で使われることも少なくありません。しかし、ここでは〈mental〉とは次元の異なる形での「こころ」の領域を指していると考えられます。「霊的」場合によっては「宗教的」と意訳する方もおられるようです。

少なくとも、上に説明したような、「もの」の現象として解釈可能な「こころ」の外に、なお考えるべき領域を認める立場が、そこには前提されていると言うべきでしょう。

英語で言えば〈mental〉あるいは〈psychological〉を超えた領域として、〈spiritual〉が措定されていると考えられます。言い換えれば、「メンタル」や「サイコロジカル」な領域は、「科学」の扱える範囲だが、「スピリチュアル」は、そこから食み出しており、結局「宗教」が扱うしかない、という発想が、背後には潜んでいる言葉遣いなのではないでしょうか。宗教と科学とが分離し、お互いに独立、背反し合うことになった、「西欧近代主義」が、更《あらた》めて、両者の間の関係を考え直す一つのよすがが、この言葉に潜んでいるようにも思われますが、如何でしょうか。次章では、その点に踏み込んでみましょう。

第2章　宗教の起源

スピリチュアルとは

宗教の話に入るための前段階としても、前章にも登場した〈spirit〉あるいは〈spiritual〉という英語の概念について、暫《しばら》く考えてみることにします。

前章でも触れた出来事なのですが、二十五年ほど前のＷＨＯ（世界保健機関）の総会で、健康の定義を巡って、一つの事件が持ち上がりました。それまでのＷＨＯの健康の定義は、

physical, mental and social well-being

となっていましたが、これに〈spiritual〉を付け加え、〈physical, mental, social and spiritual well-being〉とするべきでは、という提案が一部の国々の代表から持ち出されたのです。〈mental〉は、幅広い意味空間を持つ言葉には違いありませんが、現在では、

どちらかというと、例えば精神医学のような、科学的と性格づけられる対応で、良好な状態を維持し、不良な状態を改善することができる領域を指すと考えられます。それに対して、そうした対応が不可能な別次元の「こころ」の世界を指す〈spiritual〉という領域が、人間にとって、欠くことの出来ないものであるはず、という考え方が、この提案の背後にはあったのでしょう。ただ、この語には、これから立ち入るように、様々な意味が籠《こ》められている可能性があり、かつその意味が、民族や文化によっても、かなりずれて受け取られる可能性もあることから、色々と討議の結果、その段階では提案は見送られ、今でも上記の定義が残されました。ただ、現在のＷＨＯの健康の定義では、下のようになっています。

Health is a state of complete physical, mental and social well-being and not merely the absence of disease or infirmity. Mental health is more than just the absence of mental disorders or disabilities.

一応私訳を掲げておきますが、次のようになります。「健康とは、身体的、心理的かつ社会的に、完全に佳き状態にあることであって、単に病気でない、病弱でない、ということではない。また心理的な健康とは、心理的な不調や機能欠損が存在しない、ということに留まるわけではない」。

ここでは〈mental〉を「心理的」と訳しています。「心理的」に当たる英語は、むしろ〈psychological〉ではないか、とおっしゃる方もおありでしょうが、ここで〈mental〉を「精神的」と訳してしまうと、日本語の「精神的」が極めて広い意味空間を支配する言葉で、そこから論点に多少の齟齬《そご》が生まれる心配があるからです。というのも、上の英文の後半、わざわざ〈mental health〉についての定義が付加されている理由は、まさしく、〈spiritual〉な領域が人間には大切であることに配慮した結果だと思われますし、他方我々にとっては、〈spiritual〉を、どう訳すか、ということこそ、大問題だからです。というか、〈spiritual〉の訳語として、むしろ「精神的」が適切である場合もあることに配慮してのことだと、ご理解下さい。

生、息、霊、そして生命

〈spiritual〉を日本語にするとき、該当する言葉の幅はかなり広いと思われます。「心霊的」、「魂の」、などから、「宗教的」さえ場合によって可能となり、そのリストには「精神的」も含まれるはずだからです。名詞形としての〈spirit〉を英和辞典で引いてみると、最初に挙がる訳語は、ほとんどの場合「精神」です。この英語の源はラテン語の〈spiritus〉で、動詞〈spirare〉に由来することから、古典的に最も一般的に使われたのは「息をすること」、「呼吸」でした。英語で「呼吸する」に当たる最も普通の言葉は〈respire〉であり、〈respirator〉というと、現在どこの社会でも必需品となったマスクを意味すると同時に、これも現在極めて重要な、生命維持装置（人工呼吸装置）のことでもあります。

日本語でも「生きる」と「息をする」とは、音韻ではほとんど同じで、同根であることが判りますが、そこから「生命」にも通じる使い方が生まれます。さらに、英語では、〈inspire〉（同じくラテン語の動詞〈inspirare〉と同じ）つまり「息を吹き込む」にも繋がります。転じて「心を揺り動かす」、「感動させる」の意にもなります。その名詞形の〈inspiration〉からは、「吸気」の意味と同時に、「霊感」などの意味も派生します。

そう言えば、旧約聖書『創世記』の第二章七節にはこうあります（多少読み易くしてあります）。「エホバ神　土の塵を以て人を造り、生気《いのちのいき》をその鼻に噓《ふ》き入れたまへり人すなはち生霊《いけるもの》となれり」とあります。敢えて古い翻訳を使いました、生、息、霊、そして生命が一体として語られるべきことが、歴然と伝わる翻訳だからです。『創世記』の第一章でも、神による人の創造が語られますが、第二章では、より具体的な記述になっていて、神にとって、人間創作の材料は土ですが、最後の仕上げに、神自身が「息」を吹き込むことによって、創造行為が完結し、初めて「命ある人間」が、この世に誕生したことになっています。

つまり〈inspire〉という語は「いのちを与える」という意味合いを持つことになります。人間が、新たに「いのちを与えられる」と、「心が活性化される」ことにもなり、〈spirit〉と「心」との繋がりが見えてきます。なお、〈spirit〉と「気」との関係で大切なのは、「酒」です。英和辞典では五番目くらいに必ず「アルコール」という訳語が現れます。かつてアルコールは漢語では「酒精」と書かれましたが、この「精」に当たるのが〈spirit〉を示します。アルコールは放っておくと「(精) 気が抜け」ますが、その気が、呑めば人間の「気」持ちを沸き立たせ、活性化する役割を果たすと考えられていることが判ります。

英英辞典では……

面白いので英英辞典で〈spirit〉を引いてみましょう。曰《いわ》く。

1. 単数（不可算扱い）で
〈character〉: the qualities that make someone live the way they do, and make them different from other people
2. 可算扱いで
〈soul〉: the part of someone that you cannot see, that consists of the qualities that make up their character, which many people believe continues to live after

the person has died.

3. 可算扱いで

〈no body〉: a creature without a physical body that some people believe exists, such as an angel, or a dead person who has returned to their world and has strange or magical powers.

4. 不可算扱いで

〈determination〉: courage, energy and determination　以下省略

ここで驚かされるのは、何よりも先ず、〈1〉として、日本語では人間の「個性」とでも訳すべき点が引かれていることです。人それぞれの独特の生き方、他者と異なることを示すような性質、それが〈spirit〉なのだというわけです。そういわれてみると、私たちも、帰属する団体の名に「スピリット」を付けて、その団体固有の原則や理念を呼ぶ習慣を持っていますね。

〈2〉で、我々にもお馴染みの概念である「魂」が示されています。眼に直接には見え

ないが、ある人間の一部をなしていることが、〈spirit〉の特徴です。ただここでも、その人がその人であることを示す「個性」上の特性を担っているという点が強調されているのが、眼を引きます。なお、死後もその部分は生き続けると信じている人も少なくない、とされています。

〈3〉は、例の怪しげな世界に関わる概念で、その点は〈strange or magical powers〉を発揮すると信じられている、という指摘に表れます。

〈4〉は「性向」とでも言うべき意味でしょう。「勇敢な」とか「活気あふれる」というような人間の気質、性向を示すのが〈spirit〉ということになります。日本で「心霊」あるいは「霊魂」というと、肉体的な死後も存続する何ものか、というところに重点が置かれる感がありますし、「精神」と言っても、抽象的な「心」に力点があるように思います。「特有の性向」という点では、例えば「記者魂」とか「××スピリット」（××には学校名とか会社名が入る）というように、上にも述べましたように、個人よりも団体や組織に関して言われることが多いのではないでしょうか。英語での使用法では、先ずは人間一人一人の、その人たらしめる何ものか、という点が、ポイントになっていることに注目しておきましょう。もっとも、かなり意訳をして「根性」とでも訳せば、個人の属性として充分理解できるものになるかもしれません。

歴史をさかのぼれば

英語での解釈の詮索はこれ位にして、歴史的に眺めてみましょうか。古代ギリシャの医家ヒポクラテース（Hippokrates, 460BC頃~375BC頃）は、現代に「医聖」と呼ばれ、医師の鑑とも目されている人物ですが、生物体は、大気中の「プネウマ」なるものを呼吸で取り込むことで、生きている、という考え方を述べています。〈pneuma〉はギリシャ語の動詞〈pnein〉に由来しますが、この語は「（風が）吹く」ことを指しています。そしてそこから「プネウマ」は「呼吸」の意味にも、「生命原理」の意味にも発展しました。この「プネウマ」という概念は、時代を経るに従って精緻化され、例えばローマ時代の代表的な医家ガレーノス（Galenos, 129頃~199）などでは、「自然プネウマ」（pneuma naturalis）、「生活プネウマ」（p. vitalis）、「精神プネウマ」（p. spiritus）の三種類に分類されました。生物体の中で、植物は自然プネウマだけを、動物はそれに加えて生活プネウマを、そして人間だけが、さらに精神プネウマを取り込んで、「生きる」ことの糧としている、と考えたようです。人間では、自然プネウマは主として肝臓と、生活プネウマは心臓と、そして精神プネウマは脳と関わる、とも考えられていました。

さらに脱線すれば、ここでは「心」あるいは「精神」の中枢は脳であると当たり前のように理解されていることが判りますが、例えば漢方や、その支流としての日本式漢方では、五臓六腑のなかに脳は入っておりませんし、「意志」は臍下丹田《せいかたんでん》に宿る、とされ、「決心する」ことは「腹を決める」ことであり、相手の心を推測するのは「腹の探り合い」であり、それが判らない時は「あいつの腹が読めない」ことになり、「心の蟠《わだかま》り」は「腹に一物」となり、「心根の邪悪なこと」は「腹黒い」であり、自らに「二心」ないことは、「腹をかっさばいて」示すことが出来るとされていました。心の中枢が脳にある、ということが、必ずしも一般的、普遍的な了解事項ではなかったことが判ります。

話を戻すと、こうした考え方の根底には、「空気（風）」を「呼吸する」ことが、生命、とりわけ人間の生命にとって、絶対的な要件であり根源である、という認識が存在することが判ります。勿論日本でも「息絶えぬ」と言えば「死ぬ」ことであり、漢語にも「絶息」という言葉がありますし、「風」邪と言えば病「気」の代名詞であることからも判りますが、こうした考え方は、古くから共通に人々を支配していたことが窺えます。もう一つ脱線しておけば、時代劇などで、相手を倒した剣客が、相手の死を確かめるとき、先ずすることは、相手の鼻の下に手を当てがうことで、つまり「呼吸をしている」か否かが、決定的な意味を持っていたわけです。現代でも死の基準として、「脳死」との関連でしばしば登場する「三徴候死」の三徴候の一つは、呼吸の停止であります。

spiritual とスピリチュアル

話を戻しましょう。面白いのは、WHOの健康の定義で、態々《わざわざ》〈mental health〉に注釈をつけていることで、前章でも書いた通り、これはどうやら〈spiritual〉問題が意識されている結果ではないか、と推測されます。WHOの文書のなかで、もう一つ注目すべき個所があります。それは「緩和治療」に関するものです。とりあえずその個所を引用しておきましょう。

Palliative care improves the quality of life of patients and that of other families who are facing challenges associated with life-threatening illness, whether physical, psychological, social or spiritual.

上例に倣って私訳を試みます。「緩和ケアは、生命を脅かすような疾病（身体的、心理的、社会的、スピリチュアルであるかは問わず）が引き起こすと思われる種々の苦難に直面している患者、あるいはその家族たちの生の質を、改善しようとするものである」。

ここでは、一般の健康の定義よりも遥かに正確な表現が使われていること、その中に、問題の〈spiritual〉もきちんと含まれていることに留意したいと思います。そして〈mental〉という概念が〈spiritual〉も含意可能であることへの反省が、〈psychological〉という語を選択させている、と考えることができそうです。こうしてみると、少なくとも、上述の健康の一般的定義よりは、遥かにすっきりした言葉遣いになっていることは確かでしょう。

序《つい》でですが、〈palliative〉という言葉について一言しておきましょう。この語はラテン語の〈pallium〉に由来（もとは動詞の〈palliare〉）し、本来はマント、コートあるいはベッドカヴァーなどを指します。そこから「覆い隠す」という意味が派生し、負の使い方では「一時凌ぎの」、「襤褸《ぼろ》隠し」といった意味にもなります。医療の世界では、「根源的な」治療法ではなく、取り敢えず苦痛に繋がる症状を抑え、抑制する方法、を指す際に使われる言葉です。医療において、日本語に訳す時は「緩和医療」あるいは「緩和ケア」などとされる用語です。

些細と思われるかもしれない言葉の使い方に、ひどく拘《こだわ》りましたが、すでに述べたように、〈spiritual〉という語の意味する空間の広がりは、かなり大きく、しかも、とりわけ日本で「スピリチュアル」と言えば、科学主義や合理主義の立場から見て、看過できないような、「怪しげな」世界、超常（paranormal）現象を主題とする世界へも広がっているからであります。そこにヨーロッパ語圏での〈spiritual〉と、日本社会における

「スピリチュアル」との間の較差を、とりあえず指摘しておかなければならない、と考える私の根拠があります。

「知る」ことと「信じる」こと

さて、些《いささ》か饒舌《じょうぜつ》とも見える言葉の詮議をこのくらいにして、次に進みましょう。こうした〈spirit〉という概念が示す少なくとも一部が、宗教と関わる、というのは慥《たし》かではないでしょうか。例えば、人間の死後にも、その人間の特性を示す何ものかが生き続ける、ということは、上の文章でも明らかなように、すべての人々が当然のこととして受け入れることではなく、ある人々が「そう信じている」ことがらに属します。そして「信じる」という営みが、「知る」という営みと同等以上に重要なのが宗教である、という暫定的な仮説は、ある程度はもっともらしいと思われます。暫くは、この仮説を前提に考えを進めてみましょう。但《ただ》し先走りをすれば、私たちの日常や、より合理性一点張りのように思える科学の世界でも、信じるという要素を完全に除去できないかもしれない、と考える余地は、残しておきたいと思います。その点を、少し掘り下げてみることにします。

人間の知識（最も広い意味での）のあり方には、少なくとも二通りの種類があるように思われます。その一つは文字通り「知る」という行為に直接繋がるような知識です。無論、ここでは言語が根本的な働きをしていることを、忘れることはできません。例えば、私の目の前には時計があります。しかし、私の視覚に映じているものは、実際には、漠然とした色彩の多様体に過ぎません。その中から、「時計」なる何かを切り取るには、単に視覚に与えられた刺激の束としての、色彩の多様体を受け取るだけでは不十分です。私の側から、何か積極的な働きかけが必要です。つまり、「時計」という言葉を知っていて、その言葉が意味することの幾何《いくばく》かを知っていて、その幾何かを、色彩の多様体に当て嵌《は》めて、「その部分」だけを切り出して認識する、という作用がなければなりません。

色々なところで書いてきたことですが、「事実」に相当する英語〈fact〉は、ラテン語の動詞〈facio〉の過去分詞に当たる言葉で、〈facio〉は英語では〈do〉あるいは〈make〉

に相当しますから、〈fact〉とは本来〈what is done〉、つまり「人間によってなされた何事か」を指す言葉です。面白いことに、〈fact〉から生まれた形容詞〈factitious〉の釈義として、ある英英辞典は〈not based on facts or truth〉を与えている位です。直訳すれば「事実的」となるはずの形容詞が、まるで反対の「事実に基づかない」、「虚構の」、あるいは「捏造《ねつぞう》された」となるのです。ここには「事実」と言われるものが、人間の手を通して初めて成立する、言い換えれば、人間が捉えても捉えなくても、厳然と客観世界に存在するありのままの「事実」（少なくとも「事実」を論じる限りは）などない、とはっきり言える根拠があります。

元に戻れば、「ここに時計がある」という事実は、私にとっては確固とした「事実」と受け止められるにせよ、「時計」というものを知らず、従って、その言葉も存在しない人々にとっては、全く「事実」ではないことになりましょう。

「事実」ではない、それは認めるとしようか、しかし、ある文化圏では「時計」と呼ばれる何物かが、私の目の前に存在し、それを私の感覚が捉えている、という点までは否定できないのではないか。こうした問いを立てることはできるのではないでしょうか。

ここまでくると、哲学の一分野である認識論固有の大問題になりますので、これ以上の言及は控えますが、上の問いへの答えは必ずしも一つに定まってはいない、つまり色々な解釈の可能性が残されている、とだけ申し上げておきます。

第3章　スピリチュアルとオカルティズム

前章で、古典ギリシャにおける「プネウマ」という概念について、聊《いささ》かの解説を施しましたが、古典ギリシャ世界では「生きる」ことと直結するもう一つの重要な概念として、「プシュケー」〈ローマ字化して〈psyche〉〉があったことを忘れるわけにはいきません。この語も、もともとは「息をする」ことと結びついた意味を持ちましたが、やがて「生命の根源」というような意味の広がりを示しました。「プネウマ」が、どちらかと言えば「自然」の側での意味合いで、上述のように、時には「大気」あるいは今風に言えば「大気中の酸素」（つまり生命を支える物質的要素）と理解されたのに対して、「プシュケー」のほうは、人間の「生」を「人間的」たらしめている何物か、言い換えれば「人間性の根源」として把握されることが多かったと思います。

「プシュケー」は、ギリシャ神話では、美しい人間の女性として登場します。美青年神エロースと結ばれますが、エロースが、母神であるアフロディテーの思惑を憚《はばか》って、時折夜にのみプシュケーの許《もと》を訪れるのを訝《いぶか》った、彼女の姉妹たちが、夫の姿を確かめるために、蠟燭《ろうそく》に灯を灯《とも》せ、とけしかけ、プシュケーはある夜、とうとう蠟燭を点けてしまいます。蠟燭の油がエロースに滴り落ち、ここに有名な「見たな」伝説が生まれます。エロースは姿を隠し、あくまでも彼を追いかけながらプシュケーの流した涙が、地中に凝って琥珀となった、という言い伝えもあります。全くの余談ですが、フランス、現代作家の一人ジュール・ロマン（Jules Romains, 1885~1972）に『プシケ』（青柳瑞穂訳、新潮文庫）というとても魅力的な小説があります。無論現代のお話、一人の美しい女性の生涯を描いた三部作の大著ですが。

　さて、アリストテレスの時代には、生きているものは〈psychon〉、生命のないものは〈apsychon〉として区別されました。念のためですが、ギリシャ語では否定を表す接頭語に〈a〉が使われます。「分割する」の否定が〈a-tom〉となっていることでもそれは判ります（ラテン語で同じ働きをするのが〈in〉です）。この語から「心理学」つまり〈psychology〉が生まれたことは付け加えるまでもないでしょう。

　このように、呼吸、あるいはそれによって生命体に取り込まれる大気は、「生きる」

ということと密接に結びつく、という考え方は、古典ギリシャ、ローマ、あるいはその系譜を引くヨーロッパばかりではありません。我が日本でも、和語の「息」は、まさしくそのまま「生きる」に通じますから、呼吸が生命と繋がっている考え方を共有していることが判るでしょう。

ただヨーロッパでは、〈spiritus〉が、単に「生きる」だけではなく、人間が「佳く生きる」（それがギリシャ哲学が目指した最大の目標でした）ことに関わる、という特有の発想が育ちました。ということは〈spiritual〉というのは、人間を人間たらしめている根本的な要素であり、とりあえずは「精神的」と訳すわけですが、その「精神」は、「心」（心理学が扱うような、そして英語では〈mind〉でもあるような）とは一線を画される意味を持ち合わすようになったと言えるでしょう。

近代科学の成熟とベルクソンの唯心論

広く深い意味を持つ「スピリチュアル」という語は、通常は「精神的」と訳されてしまいますが、それでは、この語の本来の意味が伝わらない、ということで、「宗教的」

という訳語を当てている識者もおられます。しかし、一方で、日本語の中での「宗教」という言葉が、一般に惹き起こしかねない「抹香臭い」とか、特殊な人々だけが関わる世界、などという印象から免れるためには、そのままカタカナ語で通すほかはない、という判断が一般的のようです。

しかし、このカタカナ語にも別の厄介な問題があります。というのも「スピリチュアル」というカタカナ語は、すでに繰り返し触れて来ましたように、時に超常現象、あるいはオカルティズムと結びつくからです。そして、一般に既成の組織宗教は、そうした世界に極めて敏感に反応するからです。というのも、多くの組織宗教では、開祖とされる存在の言動に、奇跡というべき性格のものが付き纏《まと》うのが普通で、宗教における「奇跡」とオカルティズムにおける超常現象とは、一見重なるという印象があり、そのことに宗教側は非常に神経質にならざるを得ないからです。

一つの例を考えてみましょう。フランス近現代を代表する哲学者ベルクソン（Henri Bergson, 1859~1941）は所謂《いわゆる》唯心論という哲学の哲学者と目されて来ました。唯心論の定義は、論者によっても一律とは定まらず、難しいですが、要するに唯物論との対比と言えば、大まかな把握は可能かもしれません。そしてベルクソンの唯心論は、しばしば「スピリチュアリズム」と表現されます。というのも、彼は正当な哲学の王道を歩みながら、同時に心霊現象などに常に関心を抱き続けていた人物だからです。実際一九一三年にはイギリスの「心霊研究協会」(The Society for Psychical Research)の会長の職に就いてもいます。

もともと、父親はフランスのユダヤ人の家系の人でしたが、母親はイギリス人で、幼少期はイギリスで過ごしていますし、彼の実妹ミナ(Mina Bergson, 後結婚して Moina Mathers, 1865~1928)は、イギリス近代の、最も有力なオカルティズム研究者の一人で、秘密結社「黄金の夜明け教団」(Hermetic Order of the Golden Dawn)の創始者マッグレガー・メイザース(Macgregor Mathers, 1854~1918)の妻となっています。

近代科学が成熟期を迎え、社会への制度化が始まった十九世紀は、対照となる伝統的な神秘思想であるバラ十字会やヘルメス主義の再興のヴェクトルと、逆にそうした分野を科学的に解明しようとするヴェクトルが重なり合って、ある意味では怪しげな世界への関心が高揚した時期でもありました。「スピリチュアル」という言葉は、時にこうした世界の象徴的な概念に当てられる言葉にもなりました。

ケストラーの場合

一つ付け加えておけば、オカルティズムないし超常現象を、何とか合理的な議論の机上に置くことはできないか、という試みも、色々な形で繰り返し歴史の中に登場いたします。例えば、一例としてアーサー・ケストラー（Arthur Koestler, 1905~83）を考えてみます。ハンガリーで生まれ、当初はドイツ語圏で共産党に入党するなど、左翼活動に携わりますが、革命後のソヴィエトに招かれて渡露、その時のソヴィエト・スターリン政権の非道を目の当たりにして、共産主義に絶望、ソヴィエトを離れた後『真昼の暗黒』（中島賢二訳、岩波文庫）を発表してソ連を糾弾し、ヨーロッパや日本の中に醸成されていた共産主義革命への、漠然とした期待を打ち砕くことになりました。ナチス・ドイツを嫌ってフランスに亡命したのち、イギリスのジャーナリストとして一九三六年に始ったスペイン内戦に従軍、フランコ側に捕まって死刑を宣告され、獄に繋がれますが、イギリス政府の強硬な抗議で、辛うじて釈放され、その時の記録を『スペインの遺書』

(平田次三郎訳、新泉社)として公表、その後イギリスに留まって、科学啓蒙家として活動を始める、というまことに数奇な運命をたどった人です。

一九五八年『ドクトル・ジバゴ』などで有名なソ連の作家ボリス・パステルナーク(Boris Pasternak,＝ローマ字化しています、1890~1960)に、ノーベル文学賞授賞が決まった際、ソ連政権が辞退を強要するという事件が起こったときは、激しく抗議し、この出来事は日本にも波及しています。もともと日本の軍国主義にも強い批判を持っていたケストラーですが、丁度パステルナーク事件の頃、当時「左寄り」がインテリの常識であった日本に滞在していた際、日本ペン・クラブがパステルナーク事件に当たって、ソ連政府への及び腰の姿勢を示したことにも、強く抗議する、という騒動を引き起こしました。

そのケストラーは、科学啓蒙活動のなかで、科学の枠組みを多少とも拡大することを通じて、超常現象を科学のスコープの中に取り込む、という努力を重ねています。近代科学の原則としての要素還元主義への批判となる『機械の中の幽霊』(日高敏隆・長野敬訳、ちくま学芸文庫)、あるいは『ホロン革命』(田中三彦・吉岡佳子訳、工作舎)などがそれで、「ホロン」というのは、すでに『機械の中の幽霊』に登場する彼独特の概念ですが、「全体」を表すギリシャ語〈holos＝ローマ字化してあります〉に、「陽子」（proton）など、素粒子を命名するときに語尾に使う〈on〉を結びつけた合成語です。彼の言によれば、物質の位階構造の中で「もの」は、どの段階にあっても、上位に対しては「要素」として働き、下位に対しては「全体」として働くという両面性を常にもっているのであり、そうした性質を表現する語として〈holon〉を使う、ということになります。要素還元主義のように、下位概念に一方方向の構造を措定するのではなく、「全体性」という概念を常に見失わない、という方法論を科学の中に導入しようとするわけです。

同時に彼は『偶然の本質』（村上陽一郎訳、ちくま学芸文庫）などの中で、精神科医のユング（Carl G. Jung, 1875~1961）の発案になる共時性（synchronicity）という概念などを手掛かりに、科学合理主義者にとっては世迷い事としか思えない超常現象の、少なくとも一部に、合理的な理解が可能であると主張するのです。このような試みは、量子力学の建設に重要な役割を果たしたパウリ（Wolfgang Pauli, 1900~58）にも見られます。パウリとユングが共同で著した『自然現象と心の構造』（河合隼雄・村上陽一郎訳、海鳴社）では、パウリは天文学者として知られるケプラー（Johannes Kepler, 1571~1630）の仕事の分析を手掛かりにしながら、科学の枠組みの拡大の試みを行っているように見えるのです。

さはさりながら、「スピリチュアル」が、「こころ」や「心理」を超えた、人間の「魂」あるいは「霊魂」（「心霊術」などとは区別される意味での）に関わるとすれば、それは常識的に見ても、宗教に関わる概念でありましょう。実際、「スピリチュアル」が「宗教的」であるとすれば、日本社会の常識から言えば、科学からは必然的に外れると同時に、宗教が一般に「超常的」な現象、別の言葉を使えば「奇跡」を内包することに不思議はないように見えるとしても、組織宗教の立場からすれば、「奇跡」と、上述のような「心霊主義」などとは、全く相容れないものとされるがゆえに、そこには厄介な概念上の軋轢《あつれき》が生じることも確かです。

上のような議論を踏まえた上で、最も広義には「スピリチュアル」は「人間の魂に関わる」と解せばよいのでしょう。とりあえずはそう理解して今後の論を進めていきたいと思います。

第4章 欲望と禁忌をめぐって

自然との闘いの中で

人間は、自らを超える何ものかに畏怖を感じ、困難に出会ってはその力を借りたいと祈り、悦びにあっては、問題の解決に、あったかもしれない助力に感謝の祈りを捧げ、というようなことを重ねてきたのではないでしょうか。とりわけ、人間が持つ能力を遥かに超える何ものかが、常に自然の中に見つかる、という経験は、自然諸物への畏怖を生み出したことは、想像に難くありません。

本居宣長ではありませんが、私たち日本人が、今でも心の底に持ち合わせている自然の諸物への畏敬の心は、「かみ」という言葉によって表現されるようになりました。例えば大木、例えば奇岩、或《ある》いは山そのもの、湖そのもの、かみなり（雷）、それらを祀り、しめ縄を張って特別な場（神域）であることを示し、その前に柏手《かしわで》を打ち、頭を垂れて、恭順の意を示す、という習慣は、一般に宗教心を持たない、と言われる私たち普通の人間でも、今に疑念を持たずに踏襲してきています。

自然が、人間を超える大きな力を発揮する、それは、地震、氾濫、日照り、暴風など、人間生活に大きな災害を齎すものばかりではなく、野獣や蠍《さそり》など、自然の中に棲息する生き物でさえも、容易く人間の生命を奪う力を備えているのです。人間は、それら自然物・自然現象を、何とか手懐け、穏やかに接してくれるよう、祀る手立てを様々な形で講じてきました。時には脅迫に訴えてまで、人間の側の望みを叶えてくれるように仕向けています。例えば、日照りが続いて、雨乞いをしなければならなくなったとき、御神体を態々河原へ持ち出し、周りで火を焚いて、熱さ・暑さに閉口させようとする、などという習慣も生まれました。

どこまでそうした手立てが成功したか、無論現代の私たちは、そうした神事の効果を信じませんが、已《や》むに已まれぬ、切実な思いが、そうした祈りや神事に結集していたことは確かでしょう。

しかし、宗教という社会制度の役割は、人類の歴史の中で、自然との闘いの場面で現れるものを遥かに超える可能性を以《もっ》て演じられてきた、と言えます。

殺戮と本能

これから書くことは、近著『エリートと教養』（中公新書ラクレ）の中でも書いたことと、かなり重複しますが、大切な自（持）論なので、できるだけ新しい視点も入れながら、確認しておきたいと思います。

第一の論点は、人類は本能の壊れた動物ではないか、という点です。一般に哺乳動物は、複数の家族で生活し、自分たちの生活圏（縄張り）を強く意識した行動をとります。主に、家長というべき指導的立場にいる雄が仕切る縄張りは、これを侵すものには、激しい攻撃を加えます。この「縄張り」というのは、一義的には当然空間的な意味であり、一定の物理的な地域を指すわけです。雌を中心とした言わば生殖圏という趣の事例もありますが、主として家長としての雄が、自分の従える雌（複数）と子供たちの「生活圏」全体という場合が一般的でしょう。従って、侵犯者への攻撃は、激しいものですが、それにも拘《かか》わらず、相手が敗北を認めるサインを出せば、闘争はそこで終わります。勿論既存の家長が敗北する場合もありましょう。ただここではっきりさせたかったことは、恐らく哺乳動物における相互の闘争で、最も激越なものになりがちな、この「縄張り争い」でも、多くの場合は、相手の殺戮《さつりく》という結末には至らない、という点です。お互いに契約を交わし合ってそうなっているのではない以上、そこには敗北のサインを見て取った時には、それ以上の闘争は取りやめるという「本能」が働いていると考えるほかはありません。

整理をしておくと、闘争欲そのものは「本能」に違いありませんが、その欲望を制御する仕組みも、その「本能」には内包されている、と考えられます。

翻って、人類はどうでしょうか。今ウクライナで行われている「戦争」が一つの典型かもしれません。ウクライナの「国土」という物理的地域上、また「国民」の生活圏上の圏域、俗な言葉に頼れば「縄張り」を、ロシアが侵犯したことで始まったこの戦争では、相互に、あらゆる手段を講じて、相手を殺戮することに死力を尽くしています。戦争が始まって以来、死者の総数が何名になるのか、両国の関係者は、時々彼我の兵士の死者数を発表することはありますが、一般市民も含めての、正確なデータは国連でも把握出来ていないと思われます。しかし、双方に、万の単位の人々が殺戮されていることは明らかでしょう。無論現在でも「白旗」を掲げることが、降伏、つまり、もう相手を攻撃することはやめる、という意志表示になっているとは思います。言い換えれば、人間の戦争でも、哺乳動物が敗北のサインを出して闘争が終わるのと同じような事態を考えることはできますが、むしろ現代の戦争は、兵士同士が対面で殺し合う、という場面よりも、ボタン一つで遥か遠方から相手の拠点を攻撃するのが普通ですから、降伏の意志表示などは、現実離れした意味しかないことにもなりましょう。

実際に死者数の算定が出来ている過去の例では、原爆が投下された際、当時の広島市の人口は約三十五万、およその半数近くが亡くなったと考えられています。一発の爆弾が投下されることで、実に十四万という人命が葬り去られたわけです。この際、広島の人々が白旗を掲げる、などという話ではなかったと言えます。

ここではっきりさせたいのは、人間は、一挙に十万を超える同族（つまり仲間である人間）を殺戮してしまうような動物だということです。こんな動物は他には絶無です。仮に闘争欲は、他の生物と同様に、人間の「本能」であるとすれば、人間の「本能」としての闘争欲には、制御機構は欠落してしまっている、ということになるでしょう。

同族殺戮という点を離れても、人間は、ただ愉しみのためだけに、他の生物の生命を奪い、野生動物を絶滅にまで追い込むようなことまでする生き物です。

失われた欲望の制御機構

子孫を残すという、生き物にとって、ときには自分の生命より大切な行為を考えてみましょう。ある種の生物にあっては、配偶者を見つけて、行為を達成すると、その雄は雌に食べられてしまうような事例もあります。文字通り、子孫を残すことは雄にとっては命がけです。一般に哺乳動物では、雌に相手を受け入れる準備が整って初めて、性行為が実現することになっています。それも、本能の働く結果と考えられます。つまり性欲という「本能」にも、通常は、それを抑制する仕掛けが織り込まれていることになりましょう。

ここでも人間は、およそ異なっています。子孫を残すため、という本来の目的から全く離れた次元で、性欲の発動が行われます。例えば同性愛はその一つでしょう。同性愛を全面的に否定する目的での議論ではない、ということは最初にお断りしますので、現代のLGBT論を支持する方も、我慢してお読みください。

政治家の杉田某氏は、同性婚が「生産性」を欠く、という表現を使われて、世間から激しい指弾を受けました。慥かに、もともと生殖・出産に「子造り」という表現を使うことさえ、世間では憚る傾向があり、「子に恵まれる」、あるいは精々「子をもうける」という表現が使われるのですから、杉田氏は英語での「生殖」や「妊娠・出産」に使われる〈reproduction〉を念頭に置いての発言だったかもしれないにせよ、経済や物造りの領域で使われる能率一義の「生産性」という語を、直接使用された軽率さは、充分批判されても仕方がないとは思います。ただ、同性婚（愛）が、子孫を残すという生物にとっての根源的な営みの目的に適うものでないことは、どうしても否定できないはずです。

もっとも、純粋に技術的な側面だけから言えば、女性同士の間には、共同作業の結果として子供をもうける可能性が絶無ではないでしょう。イギリスのロスリン研究所で生まれた羊のドリーが、そのことを示唆しています。ドリーの生まれ方を簡単に辿ってみます。先ずある雌の羊の体細胞（乳腺細胞だったとのことですが）を取り出し、特殊な技術で「全能化」(注１)します。体細胞ですからゲノムを担う染色体は、細胞核内に二揃いあります。つまり二倍体です。もう一方の雌の羊から卵細胞を取り出して、細胞核を除去します（この細胞は生殖細胞ですから、核内の染色体は一揃いだけ、つまり一倍体でした）。核除去された卵細胞に、全能化された細胞核を注入します。うまくこの融合ができれば、生殖細胞としての卵は、核の染色体が二倍体になり、これは両性から得られた一倍体の生殖子同士が受精した結果としての胚細胞と同じ状態です。そこで、これを一方の子宮に戻して、うまく体内で育ったのがドリーだった、ということになります。ゲノムを構成するＤＮＡは、細胞核内に閉じ込められている染色体の中だけに存在するわけではないこともあって（核内のゲノムと細胞質内のゲノムとが一致しない）、こうしてやっとのことで生まれたドリーも、健全な個体としては育ち難く、結局短命でしたが、とにかく雌と雌との協働によって、お互いに関わりのある子孫（？）が生まれたことは確かな事実として残りました。

実際この報道が新聞に載った際、アメリカのある産婦人科医に女性から電話がかかってきたそうです。ドリーが生まれた方法で「私たち」の愛の結晶を得るためには、どのくらい待てばよいのでしょう、という質問だったといいます。ご推察の通り、ここでの「私たち」というのは女性同士〈L〉のカップルでした。付け加えますが、この技術は極めて不安定な上に、このような生殖技術を人間に適用することは国際的に厳しく禁じられていますから、上の話は、完全に技術上の可能性というにとどまります。そして、男性同士の場合は、関与する生殖細胞は精子だけ、それに卵を育てる子宮もありませんから、この場合に子供をもうける可能性は、決定的、絶対的にゼロです。

余計なことを書きましたが、人間は、生物学的な目標を達成するために自らに備わった本能的な衝動を、その目的を外して活用する、という傾向を持っていることも確かで、むしろそのことに人間性の高貴さを認める立場もあるという点は、認めておく必要がありましょう。

食欲についても、全く同じ議論ができます。生き物は、自己保存と子孫の養育のために、食材を探し、食欲を満足させます。食材として、他の生物の生命が選ばれれば肉食動物になります。しかし、この二つの目的が満たされているときには、それ以上に食欲を発揮することは先ずありません。かつて古代ローマの富裕層では、夕食が延々と三時間を超すことも普通だったと言われます。その間、食事に与《あずか》った人々は、充分すぎるほど腹は満たされているにも拘わらず、一旦食卓を離れ、外に出て喉に指を入れて食べたものを戻して後、再び食卓に戻ることも珍しくなかったと伝えられています。そうでなくとも、現代の私たちでも、空腹を満たす、生きるための栄養をとる、ということが食事の究極の目標ではなくなって、ひたすら「食う」ことの悦びを満足させるために、際限なく食をあさります。ＴＶの番組の中には、まさしく、どれだけ人よりもたくさん食べられるかを誇って、只管《ひたすら》食べるだけのあさましい姿を得々として映し出しているものの何と多いことでしょうか。ここでも食欲という「本能」に由来する欲望への歯止め、制御機構が、当の「本能」から失われてしまっている、としか言えない事態です。これも、人間が単なる生物の一種でないことの証と考えれば、それはそれで納得は行くのですが。

宗教の社会的機能

欲望の、必要の限度を超えての発露を、私たちは人間の特性として容認しています。

それは屢々《しばしば》「人間性」という言葉で概括され、別の言い方では「文化」と考えられるのでもあります。しかし、一面から見れば「破壊された本能」とも言い換えられる事態であることも確かでしょう。そして、そうした「本能」である欲望のなかに、それを抑制する機構を無力化してしまっている「人間性」なるものは、大きな危険性を孕んでいます。戦争は言うまでもなくその最たるものですが、性にまつわる諸犯罪などなど、人間社会の中に人間が生み出す「悪」の相当部分は、無力化された抑制機構を持つ「欲望」の発露に源を持ちます。その点の補償として、人間は宗教を生み出した、と考えることができます。勿論、この解釈には、宗教の持つとされる「宗教性」――それが何であるかは今措きますが――を無視していることは弁えているつもりです。ただ、それは後に回して、宗教の社会的機能の中の、もっとも重要と思われる点に、言及しておきたいのです。それは生物の欲望の源泉としての「本能」の中に、本来は具備されているはずの欲望抑制機構を破壊してしまった人間が、その回復を託したのが宗教であった、という解釈が、少なくともある面では明確に成り立つと考えるからです。

仏教の「五戒」と「徳」

例えば、仏教に「五戒」とされる概念があります。殺生戒《せっしょう》、偸盗戒《ちゅうとう》、邪淫戒《じゃいん》、妄語戒《もうご》、そして飲酒戒《おんじゅ》、これらは「在家」つまり出家していない通常の人間に適用される、最も基本的な戒めとして、広く提唱されています。解説は不要と思いますが、例えば殺生の戒めと言っても、人間は基本的に肉食の習慣があり（実は、ユダヤ教の初期の段階では、別に述べるように、草食のみが認められていた、という事情はありますが）、他の生き物の生命を奪わずには生きられない、とすれば「殺生」の範囲をどのように限定するのか、解釈の分かれるところではありります。同じように「邪淫戒」では、何が「邪淫」なのか、他人の配偶者と懇《ねんご》ろになるのは「邪淫」に間違いないとしても、娼婦と交わるのは、獣姦は、同性との性行為は、などなど、仏教世界の中でも、諸説あると聞いております。「妄語」というのは、基本的には「虚言」を指すのでしょうが、現在では「フェイク・ニュース」など、「嘘」にもひどく手の込んだものがあって、単純ではないことになりましょう。「言葉によって人を惑わす」のが「妄語」だとすれば、解釈によっては宗教家の言説でも「妄語」とされる可能性は否定できません。イエスが処刑されたのも、当時のユダヤ教の世界では、「妄語」を撒き散らしていたからだ、ということになり兼ねないからです。宗教とは言えないかもしれませんが、ソクラテスがアテナイの市民のなかで、死刑を宣告されたのも、ソクラテスが若者たちを惑わす言説を繰り返したことが主たる訴因だったことは、よく知られています。

五戒に対して「十悪」という言い方も仏教にはあります。身体、口頭、そして意志という、人間に備わった「三業《さんごう》」が五戒で戒められるような様々な（十種の）悪を生み出す、という考え方に沿った概念です。身体に関わるものとして、「殺生」「偸盗」「邪淫」（「身三」と称します）、口頭に関わるものとして、「妄語」「両舌」「悪口」「綺語《きご》」の「口四」、「貪欲」「瞋恚《しんに》」「邪見」の「意三」、以上を「十悪」と呼ぶわけです。「両舌」は、日常的な言い方では「二枚舌」に近いもので、二人の人間の間に入って、双方に適当なことを言い、二人の間を故意に離反させるような場合を言うとされます。「離間《りけん》語《ご》」という言い方もあるようです。「綺語」は、「着飾った言葉」の意味で、虚飾、僻事《ひがごと》などに近い意味を持ちます。「瞋恚」は難しい言葉ですが、日常的にも「瞋恚の焔を燃やす」などと使われ、「謂れのない激しい憤り、恨み」の心をさす言葉です。「瞋恚」はまた「三毒」の一つともされ、後の二つは、「貪欲」と「愚痴」とされています。文字通り、上に述べてきた「欲望を無際限に貪る」人間性は、「貪欲」という言葉で置き換ることが出来るかもしれません。

なお在家でなく、出家、菩薩の守るべきものとしては、別途「十重禁」と呼ばれる、五戒を含む十の戒めが課せられる、という考え方も広く説かれています。

いずれにしても、仏教が、日常生活のなかで、咎め立てすべき問題をどう考え、どう整理しているか。それらを戒めることによって、日常の「悪」を斥ける可能性が生まれてくることを、明確に指摘していたことは、はっきりしています。

モーセの十戒

もう一つの例をユダヤ・キリスト教に求めてみましょう。イスラムも、少なくともユダヤ教を前提としている以上、ここでは、ある程度事情は同じと考えておきましょう。そこで、誰もが念頭に浮かぶのは、モーセの受けた「十戒」であろうと思います。セシル・B・デミルがメガフォンをとった『十戒』は、チャールトン・ヘストンが主役モーセを、エジプトのファラオをユル・ブリンナーが、その妃をアン・バクスターが演じるというキャストの下で、一応『旧約聖書』の「出エジプト記」の内容に基づく、ハリウッドきっての超大作でしたが。

モーセが十戒を授かる場面は、天から火焔の如きものが、モーセの掲げる石板に降り、十戒の文字を刻み付けていくような演出がなされていたのが印象的でした。

それはともかく、モーセがシナイ山上で神から直接承ることになった十の戒律は、人間すべてに適用されるべきものという前提の戒律であると考えられます。仏教の戒律と重なるところは、「殺生」（但し、十戒では「人を殺めること」とされ、すべての生命体に及ぶものとは考えられていないかに思われます）、姦淫、盗み　偽証は、五戒にそのまま当てはまりますし、貪欲も、仏教の十悪に現れているものに近いでしょう。ユダヤの戒律で際立って特異的なのは、第一戒から第四戒までです。第一戒は「自分（神）を唯一の信仰の対象とせよ」、第二戒は第一戒からの必然的な結果とも言えますが、「偶像を作ることの禁忌」、第三戒は「神の名を濫りに唱えることの禁忌」、そして第四戒が「安息日の厳守」とされるのです。神の概念の中に、人間的な要素を持ち込むこと自体が、許されないとも言えますが、上の第一戒、第二戒は、「嫉妬」の表現のようにも受け取れます。実際「旧約の神」は時に、「怒りの神」、そして「嫉妬の神」と呼ばれることもあります。例えば、モーセの兄弟アロンが、金の装身具などを人々から集めて仔牛の像を作ったところ、偶像を造ったのは第二戒に反するとして神は激しく怒り、人々を多数殺した、という記事があります（「出エジプト記」三二章）。

ユダヤの人々が「安息日」というのは、言うまでもなく、『創世記』における神の「創造」の行為が六日間で終わり、七日目に神は「休まれた」という記事に由来する概念です。この戒律を最も厳密に守ろうとする原理的ユダヤ教徒のために、イスラエルの都市にある高層ホテルのエレヴェーターの中に、完全各階止まりに設定された基が必ず一つはある、という結果を生んでもいます。求める階のボタンを押すという行為自体が「安息日」を侵すことになる、あるいは、ボタンを押すことで、器械内部で電気的火花を飛び散らすことが安息日の理念に反する、「発火」という行為が「安息」に違背する、そういう解釈があるからと言います。

興味深いのは、このユダヤの律法は、他の生物ならば、本能の中に欲望抑制装置が備わっているのに反して、人間においては、そうした過剰な欲望（普通の言葉では「貪欲」に当たるでしょう）の抑制装置が欠けているという、深刻な状況に対する、代償的な働きをするだけではなく、社会制度としての宗教特有の戒律（上記の第一戒から第四戒まで）を含んでいることでしょう。

なお、『創世記』の第一章では、人間の創造が終わった時点で、神は「種のなるすべての草と、種ある木の実のなるすべての樹とを、食糧としてお前たちに与える」と宣言します。この段階では、人間はヴィーガンであることを求められていたことになります。実は、後の記述でこの「禁忌」は緩和されるのですが。

本能的欲求の抑制装置

言い換えれば、仏教における五戒や十悪を戒める律法は、人間が陥りやすい諸々の「貪欲」に対する禁忌を提唱している、という点で、人間の理性や、悟性の中からでも、生まれることが可能な（そして、後述するように、ヨーロッパ近代のカントは、まさしく、そのことを、つまり「貪欲」を戒める道徳的な立論が、人間理性からきちんと立証できることに、全力を傾けました）内容である、とも言えます。その意味で、ユダヤ・キリスト教、そして同じ出自を持つイスラム教は、宗教としての制度的な構成を、出発点から備えていた、と考えられます。そのことは、一面から見れば、そこに提唱される価値体系のユニークさ、より負の言葉遣いで言えば「独断性」とでも言うべき性格を備えたということにもなるでしょう。

もう一つの例としてイスラム教を考えてみます。よく知られているイスラムの戒律の一つは、豚肉の禁忌（ハラーム）ですが、実際豚の肉だけでなく、それを元に造られるスープや加工品も禁忌の対象になるほど厳しいものとされています。そのほか、身体の「美しい部分」を隠すこと（ことに女性に関して）は、「ヒジャブ」の着用義務と重なって、現代社会に軋轢も生じていますが、基本は「慎み深さ」、つまり、これまで縷々述べてきた人間の欲望の過度の発現に対する、総合的な抑制の、一つの象徴のような役割を果たしているとみることが出来ましょう。ほかにも、他の動物の食肉化にも屠処《としょ》の方法に制限があり、偶像の禁忌、一日五回と定められた礼拝などは、厳密に言えば、宗教に特化した禁忌ですが、それらは完全に日常化しているという点では、宗教色を離れても、人間の生き方そのものへの介入と理解することもできるでしょう。実際、そうした宗教的戒律は「シャリーア」という形で、イスラム社会では一般法という社会規範ともなっているわけです。

このように考えてくると、人類は、食欲、性欲、征服欲など、哺乳動物にも備わっている本能的な欲求を、同じく本能の中に仕込まれている、それらの過度の使用への禁忌という、他の動物が備える仕組みを破壊したかに見える、人間の本性に対して、宗教という社会的な権威に発する抑制装置によって、対応してきた、ということができます。宗教が果たしてきた、或いは現在でも果たしている、この役割を否定することは不可能だと思います。

一般的に脱宗教化が進む近代市民社会の行く末が、今私たちが直面している事態なのだ、と考えられるのです。

［注］

１　全能化：受精卵は細胞分裂を繰り返すことによって、少しずつ細胞の機能分化が起こります。ある部分は骨組織を形成、ある部分は神経組織を形成する……という具合に細胞が次第に特別の機能を担った細胞に特化していきます。一旦特化してしまった細胞は、基本的には、分裂しても、特化したままです。ただ、特殊な状態で培養を重ねると、「特化の過程」を逆に遡って、何にでもなり得る受精当初のような機能（それが全能性です）に戻ることがあります。

第5章　聖書とは何か

旧約と新約

今更言うまでもないことですが、通常私たちが目にする『聖書』と名付けられた文書は、キリスト教の聖典という役割を担い、「旧約」（英＝Old Testament）と「新約」（英＝New Testament）という二つの文書群の複合書のことです。第一部の「旧約」は、ユダヤ教の経典と基本的には（と、一応留保を付けておきますが）同じで、それに加えて、イエスの言説を中心とし、その弟子たちの証言や教えを加えた「新約」が、言わば第二部を占める構成になっています。ヨーロッパ語でのタイトルは、どれも英語と殆ど同じで、〈Bible〉（仏）、〈Bibel〉（独）、〈Bibbia〉（伊）、〈Biblia〉（西）といった具合です。どの言語でも、語頭は大文字化するのが習慣で、形容詞として「聖なる」を意味する〈saint〉（英）に相当する修飾語が付けられる（英語では〈Holy Bible〉が普通です）こともあります。元になったのは、ギリシャ語の〈βιβλια〉で、「パピルス」を表す〈byblos〉

（ローマ字化してあります）に由来するようですが、「紙」「書物」を表す言葉です。大文字化することで、言わば「書物」の代表、というような使い方になっていると思われます。

ただ、このタイトル自身も、二部からなる構成も、後から生まれたキリスト教的な解釈を被ったものです。本来は、つまりユダヤ教の世界では、当然のことながら「新約」はありませんし、その経典は『タナハ』と呼ばれるものが最も基本とされています。このヘブライ語的表現は、ローマ字化すれば〈Tanakh〉なのですが、三種のテクスト類の、それぞれの頭文字からなっています。三種とは〈tôrah〉〈nebhî'îm〉〈kethûbhîm〉（ローマ字化してあります）で、〈t＋n＋k〉に母音（a）を付けた結果が「タナハ」となると考えれば理解できましょう。[注1] 第一部の『トーラー』というのは「教え」「教訓」などの意味のある言葉で、私たちに馴染みの『旧約聖書』に即して言えば、その最初の五書、言い伝えでは預言者モーセが書いたとされて「モーセ五書」とも言われるテクスト類のことを指します。具体的には「創世記」「出エジプト記」「レビ記」「民数記」「申命記」の五書です。もっとも、これらの名称も、後世の解釈によって作られたもので、紀元前数世紀から、紀元ころまでに最終的に『タナハ』として成立した文書では、それぞれ、「初めに」「名前」「(神は)呼ばれた」「荒野に」「言葉」とでも表現できる、そのテクストの最初の文章のキーワードをタイトルとしているものが源です。これらを繋げて「初めに荒野で呼ばれた名は言葉なり」という意味を紡ぎ出すことも行われているようです。

それに、内容的なことを勘案すれば、この世の創生以降、ユダヤ民族で言えばアブラハム以降、カナン(通常の言い方ではパレスティナ)地方に広がる民族が、エジプト幽閉、モーセによるエジプトからの脱出、荒れ野での放浪、シナイ山上での律法(十戒)の開示、カナンに戻る直前の更なる律法の提示を、「創世記」から「申命記」までが、確かにつぶさに語るのですが、実際にユダヤ民族がカナンの地に定着するのは、モーセの後継者であるヨシュアの手によりますので、歴史的な流れとしては、むしろ「ヨシュア記」までの六書を一纏めに考えた方が筋が通る、と見做す識者も多いようです。

『聖書』の原典は何語で書かれているのか

第二部と考えられる「ネビーイーム」は「預言者たち」の意味ですが、前半と後半に分かれており、「ヨシュア記」「士師記」「サムエル記」「列王記」が前半部分となり、「イザヤ」「エレミヤ」「エゼキエル」ほか、十二人の小預言者たちと呼ばれる人々（ホセア、ヨエル、アモス、オバデヤ、ヨナ、ミカ、ナホム、ハバクク、ゼファニヤ、ハガイ、ザカリヤ、マラキ）の記事が集められて、後半部分をなしています。

第三部「ケスービーム」は「諸書」とでも訳せるような意味を持つ言葉ですが、私たちに馴染みの言い方では、「詩篇」「箴言《しんげん》」「ヨブ記」「雅歌」「ルツ記」「哀歌」「コヘレトの言葉」「エステル記」「ダニエル書」「エズラ・ネヘミヤ記」「歴代誌」の十一巻が含まれています。『タナハ』では、通常私たちが手にする『聖書』の「旧約」の部分とは、順番も含めて幾つか差異がありますが、それは、私たちの『聖書』が、「旧約」といえどもキリスト教的な解釈を経て編纂されたものだからです。

ところで、私たちに伝えられている『聖書』の原典は何語で書かれているのでしょうか。先《ま》ずユダヤ教の聖典としての『タナハ』は、当然ヘブライ語で、と思うのですが、ここで少し厄介な問題が持ち上がります。例えば一部の文書では、アラム語（やはり中近東の紀元前一〇〇〇年前後から使われていたセム系の言語）で表現されている箇所もあるからです。口伝も含め、諸文書が一つの纏まった経典として考えられるようになったのは、紀元前四世紀くらいからで、有名な「死海写本」(注2)は前一世紀の成立と考えられています。

さらに『七十人訳聖書』（Septuaginta＝ラ、LXXと略称されることもある）と称されるギリシャ語翻訳版があります。大体前二世紀ころに成立したものと考えられています。言い伝えによれば、ヘレニズム時代のエジプトのファラオ、プトレマイオスⅡ世（308BC～246BC）の命により、ユダヤ民族を代表する十二の部族から六人ずつが選ばれて、七十二日間で完成された翻訳事業であったそうです。その後のキリスト教世界の歴史の中では、中世までこの文書が『タナハ』の最も信頼のおける文典とされてきましたが、ルターは、ヘブライ語、アラム語写本をもつマソラ本（ユダヤ教学者たちによって九世紀頃に編纂されたヘブライ語のみで書かれた、伝統を正式に伝えるとされる文書）のみを底本とし、プロテスタント諸派は、七十人訳にしか現れない文書を「旧約外典」と呼んで、典外書とみなしているようです。ユダヤ教の世界では、ヘブライ語ではない翻訳ですから、当然ながら「外典」としてしか扱われません。

ユダヤ・キリスト教圏における人間観の原点

「トーラー」と呼ばれる最初の五書ですが、その冒頭は、神がこの世界を創造したことを伝える「創世記」です。第一章はこんな風に始まります。

始めに神が天地を創造された。地は混沌としていた。暗黒《やみ》が原始の海の表面にあり、神の霊風が大水の表面に吹きまくっていたが、神が、「光あれよ」と言われると、光が出来た。神は光を見てよしとされた。神は光と暗黒との混合を分け、神は光を昼と呼び、暗黒を夜と呼ばれた。こうして夕あり、また朝があった。以上が最初の一日である。

（関根正雄訳『創世記』岩波文庫）

この記述の後、二日目、三日目、四日目、五日目と記述があって、諸々の自然物が、神の手で造られた六日目が特別な日になります。

そこで神が、「地は各種の生きもの、各種の家畜と這うものと地の獣を生ぜよ」と言われると、そのようになった。神は各種の地の獣と、各種の家畜と、すべての種類の地に這うものとを造られた。神はそれを見てよしとされた。

そこで神が言われた。「われわれは人をわれわれの像の通り、われわれに似るように造ろう。彼らに海の魚と、天の鳥と、家畜と、すべての地の獣と、すべての地の上に這うものとを支配させよう」と。そこで神は人を御自分の像の通りに創造された。神の像の通りに彼を創造し、男と女に彼らを創造された。そこで、神は彼らを祝福し、神は彼らに言われた、「ふえかつ増して地に満ちよ。また地を従えよ。」（中略）それからさらに神が言われた、「見よ、私は君たちに全地の面にある種を生ずるすべての草と、種を生ずる木の実を実らすすべての樹を与える。それを君たちの食糧とするがよい。」

（同上）

ここに、ユダヤ・キリスト教圏における人間観の原点を見ることができます。三つの大切なことがあります。第一は、人間の創造までに、神の手によって造られたすべての自然（「被造物」と呼びましょう）とは全く異なり、人間は「神の像」（ラテン語を使って、しばしば〈imago Dei〉と表現されてきました）として、つまり神に似たものとして創造された、という点です。第二点は、そうして創造された被造物としての人間は、他の全ての被造物を「治める」、言い換えれば「支配する」立場を神から与えられた、という点です。ここには、明瞭な「人間中心主義」と呼ぶべき考え方が見て取れます。第三に、すでに書きましたように、当初は人は（その後に続く文言では、他の生き物もすべて）「草食」たるべきことが説かれていることです。特に第二の点は極めて重要な性格を秘めているのですが、そのことは、ここでは留保して、こうした発想とは全く異なった考え方を探ってみましょう。なお、「肉食禁忌」の問題は、『創世記』第九章で、「ノアの洪水」の後で、神はこのタブーを解くことが記されている点に留意しておきましょう。

なお、注目しておきたいのは、丁度紀元前後にアレクサンドリアで活躍したユダヤ教徒のフィロン（c. 20BC~c. AD40、ラテン世界ではPhilo Judaeus、もしくはアレクサンドリアのフィロン＝Philon Alexandriusとして知られる）の存在です。この時代のアレクサンドリアは、国際都市として、学術的に極めて高い水準にあり、彼はユダヤ教神学と、ギリシャ哲学、特にプラトン哲学とを融合させた独自の体系を築いた人です。彼は『聖書』（無論『タナハ』のことです）に関して、プラトンの思想を取り入れた注解をギリシャ語で書いた文書を数多く残しました。

彼の仕事は、キリスト教が成立したのち、所謂「教父」たちが、イエスの信仰体系に関して、ギリシャ哲学を後ろ盾に神学論を構築するときの模範ともなったと考えられています。

『古事記』にある「宇宙開闢説」

人間や人間の住む世界の始まりについて、「宇宙開闢説」（cosmogony）とでも言いましょうか、ここにご紹介したユダヤ民族の『創世記』のように、多くの古代社会は、それぞれ特異な神話を生み出していました。一例を日本にとれば、周知のように、『古事記』が、その概要を伝えてくれています。『古事記』は、基本的には大和朝廷の歴史を出発点から合理的に書き上げようとした試みの結実で、上中下三巻からなります。この文書の成立のいきさつを述べた序を除けば、「神代《かみよ》」の前段階に始まり、神代の、天照《あまてらす》と須佐之男《すさのお》、大国《おおくに》、以下火遠理《ほおり》までの上巻、正式の政権の歴史として神武帝《じんむてい》から応神《おうじん》帝までの施政を扱う中巻、そして仁徳《にんとく》帝から今上《きんじょう》帝である推古《すいこ》帝までの下巻ということになります。

上巻の冒頭の部分は、神話的な要素が最も強いのですが、漢字だけで書かれている文章を、開ける部分は開いて読み易くしたものが、一般化されていますので、それを以下に引いてみましょう。

　天地初めて発けしとき、高天の原に成れる神の名は、天之御中主神《あめのみなかぬしのかみ》、次に高御《たかみ》産巣日神《むすびのかみ》、次に神産巣日神《かんむすびのかみ》、この三柱の神は、皆独神と成りまして、身を隠したまひき。

　次に国稚く浮きし脂の如くして、海月なす、漂へるとき、葦牙の如く萌え騰るものによりて成れる神の名は、宇摩志阿斯可備比古遅神《うましあしかびひこのかみ》、次に天之常立神《あめのとこたちのかみ》、この二柱の神もまた、独神と成りまして、身を隠したまひき。

上の件の五柱の神は、別天つ神。

こうして、自然物のそれぞれに当てはめられたかに見える神々の名が紹介されるわけですが、以下更に二柱の独神が成って隠れるのです。ここでは自然物（とその象徴である神々）は、すべて「成る」、あるいは「生る」と考えられていることに注目しましょう。「成る」あるいは「生る」は、何となく、自ずから、「生じる」感じです。神の意志に従って、その計画通りに「造られ」、「創られ」るユダヤの発想とは、正反対の考え方が読み取れます。そして、『古事記』にはその後、言わば決定的な状況が出現します。というのも、これまでの神はすべて男性の「独り神」でありましたが、以下では、男女神ペアの表記が現れるのです。『日本書紀』での表記に従えば、「泥土煮尊《ういじに》」と「沙土煮《すいじ》尊《に》」とされますが、後者は『古事記』では「妹須比智邇神《いもすひぢにのかみ》」と音述してあります。名前の冒頭の「妹」は、女性を表すための語です。こうして四対のペアの神々の出現が記された後に、問題のペア、伊邪那岐神《いざなぎのかみ》と妹伊邪那美神《いざなみのかみ》が登場することになります。そして、衆知のように、この二神の媾合《まぐわい》によって、「国生み」へと繋がっていくわけです。

この世が「生まれた」ものであるという考え方と、絶対者の意図に基づいて「造られた」ものである、という考え方とは、極めて大きな違いなのです。

新約の構成は？

さて、『聖書』に戻ってみましょう。「新約」のほうは、どのような構成になっているのでしょうか。「共観福音書」という言葉があります。英語では〈Synoptic Gospels〉と言います。普通に使われる〈synopsis〉は「梗概」「大筋を述べたもの」という意味ですから、イエスの生涯の大筋を述べたものと、解することもできますが、基本は「マタイ」「マルコ」「ルカ」というイエスの弟子が、それぞれに見聞したことを、文章に残した巻ということになります。内容や記述は、少しずつ違いますが、イエスという存在の歴史を刻んだものですから、ほぼ共通の内容になっています。なお〈gospel〉という英語は、ギリシャ語の〈evangelion〉（ローマ字化しています）に相当する語で「佳き知らせ」というのが本来の意味です。ドイツ語では〈Evangelium〉という語をそのまま使います。要するに「救世主が現れた」という「佳き知らせ」を告げる書物ということになります。日本語（漢語でも）同じ意味を持つ「福音」が使われます。「新約」の最初に、これら三つの「共観福音書」と呼ばれるものが並びますが、「福音書」はもう一つあります。それが「ヨハネ」によるものです。なお、かつては、この福音を伝えた人々を記念する意味もあって、それぞれの書を「マタイ伝」「マルコ伝」「ルカ伝」、そして「ヨハネ伝」と称しておりましたが、今は「マタイによる福音書」「マルコによる福音書」などと称する習慣が出来ています。さて「ヨハネによる福音書」だけが、別扱いなのはなぜでしょうか。イエスの弟子には、確かにヨハネと言われる人はいました。しかし、「ヨハネによる福音書」と言われるものが、その人によって書かれたことを否定する研究者さえいます。理由の一つは、この書の内容が前三者とはかなり違っていて、成立年代も少し後なのではないか、と考えられていることによります。例えば、前三者が共通に述べているような出来事は、「ヨハネ」には出て来ません。内容も起こったことの見聞録というよりも、神学的な解釈を述べていることの方が多いのです。そういう意味で、前三者の福音書とは同列には論じられないものというのが、現代の理解です。

全く余計なことですが、小学校のころ、信者である先生から、『新約聖書』の諸書の順番を歌で覚えることを教わりました。『鉄道唱歌』がありますでしょう。あの節に載せて、次のように歌うのです。「マタイ・マコ・ルカ・ヨハネ伝／使徒・ロマ・コリント、ガラテヤ書／エペソ・ピリ・コロ・テサロニケ……」といった具合です。

そこで、「四福音書」の次は「使徒言行録」です。著者は福音書の一つを書いたルカである、という説が有力で、実は「ルカによる福音書」の第二部であった、という解釈もあるようですが、要するに、イエスの死後、各地で「キリスト教」（という名称も勿論なかったのですが）がどのように、立ち上がっていったか、という点に焦点を絞った文書ということができます。実際、この書の後、主としてパウロが、イエスの教えを奉じてコミュニティを造りながら、地道な活動を始めていた、ギリシャの各地の信仰共同体へ書簡を送ったものが、『新約聖書』の後半部分を占めることになりますが、その地方の名前、テサロニキ（北部ギリシャの、アテナイに次ぐ大都市）、あるいは東マケドニア（現ギリシャ）の小都市ピリピ、あるいは小アジア中部のラテアなどで、そうした信仰共同体が生まれていました。「使徒言行録」に次ぐ各書の多くは、パウロが、それらの共同体に送った、信仰上の指導書簡ということができます。

イエスからもっとも愛されたペテロ

念のために書いておきますが、イエスの死後、こうした信仰共同体の最も重要な指導者は、イエスが、お前の上に私の教会を立てようと言ったと言われるペテロ（この名は、イエスが彼のことを、「巌」という意味のアラム語〈kepha＝ローマ字化してあります〉という綽名で呼んでいたことから、ギリシャ語の同じ意味の〈petros＝ローマ字化してあります〉が通称になったのだそうです）も、イエスの後継者として、勿論重要で、カトリックにおいては、実質上ペテロを初代の教皇と認めていますが、同じように、あるいはむしろペテロよりも指導者として大きな活躍をしたのがパウロであった、と考えてよいと思います。

無論ペテロも最後は、イエスと同じように礫刑によって死を遂げますが、イエスが十字架を負わされて刑場に歩む前夜、群衆からお前も奴の仲間じゃないか、と詰問されて、三度、そうではない、と激しく否定し、そこで鶏が鳴きます。イエスから、お前は夜が明けるまでに三度私を否定するだろう、と言われたことを思い出して、ペテロは「激しく泣いた」と聖書は伝えています。そんなペテロですが、その前には剣を抜いて人を傷付けてまで、イエスを守ろうとしたりもするのです。イエスの死後、迫害を恐れてローマから去る道すがら、反対にローマへ向かうイエスに出会う。「主よ、何処へ行きたまふ?」(Domine, quo vadis?) と問いかけるペテロに、イエスの「もう一度十字架にかかるためにローマへ」という答えを得て、ペテロは翻然とローマへ引き返した、という逸話が外典のなかで伝えられている人でもありました。彼の前職は漁師で、パウロのようなインテリではなく、人間としても、弱さを隠そうとはしない性格だったようです。だからこそ、イエスからもっとも愛されたのかもしれません。

なお、この〈Quo vadis?〉というフレーズは、後世様々な受け継がれ方をされますが、中でもポーランドの作家シェンキェヴィチ(Henryk Sienkiewicz, 1846~1916)は、このときのペテロのエピソードを主題にした小説『クオ・ヴァディス』を一八九五年発表(九六年書籍として刊行)、この作品が、一九〇五年に彼がノーベル文学賞を受賞する主因となったと言われます。この小説は何回か映画にもなっていますが、特に一九五一年にハリウッドで造られたものは、M．ルロイ（Mervyn LeRoy, 1900~87）監督の大作として知られています。まことに余計なことですが、この映画には、未だ当時は全く無名だったイタリアの大女優ソフィア・ローレン（Sophia Loren, 1934~）が「チョイ役」で出演していますし、ネロを演じたのは、怪優とも言われたロシア系イギリスの名優サー・ピーター・ユスティノフ（Sir Peter Ustinov, 1921~2004）で、迫真の演技を見せました。なお、この映画では、死んだイエスがペテロに語り掛ける不自然さを嫌って、ペテロの道中に従っていた若者の口を借りて、「光」であるイエスの言葉が伝えられるという方法がとられました。

パウロの回心

一方パウロは、ペテロのように、イエスの愛弟子の一人ではありませんでした。それどころか、ローマ市民であり、同時にユダヤ民族の一員であり、ギリシャ語を解するインテリの一人でした。さらに、イエスの死後、その教えを守ろうとする人々のグループが、各地に点在しているのを突き止めては、権力機構に引き渡す、という役割を、自ら担っていました。そしてある日、とてつもない出来事が彼を襲います。その事情を「使徒言行録」は次のように語っています（第九章冒頭から、なお引用は、昔から親しんだ文語版からであることをお許しください）。「サウロ」というのはパウロの前名です。

サウロは主の弟子たちに対して、なほ恐喝と殺害との気を充たし、大祭司にいたりて、ダマスコにある諸会堂への添書を請ふ。この道［イエスの教え］の者を見出さば、男女にかかはらず縛りてエルサレムに曳かん為なり。往きてダマスコに近づきたるとき、忽ち天より光いでて、彼を環り照したれば、かれ地に倒れて「サウロ、サウロ、何ぞ我を迫害するぞ」といふ声をきく。彼いふ「主よ、汝は誰ぞ」。答へたまふ「われは汝が迫害するイエスなり」。（中略）サウロ地より起きて目をあけたれど何も見えざれば、人その手を引きてダマスコに導きゆきしに、三日のあひだ見えず、また飲食せざりき。

これが有名なパウロの回心の件です。「回心」とは宗教用語で、一般語の「改心」とは違って、心のありようが百八十度回転して、信仰へと向かうことを言います。仏教でも使われますが、このときは「えしん」と読むのが通常のようです。パウロはこの時から、直接会ったことのないイエスの、最も熱烈な崇拝者となり、追随者となりました。

イスラム教と『クルアーン』

イスラム教の聖典とされる『クルアーン』（かつては「コーラン」と仮名書きされていましたが、近年、原語の発音に近い、この書き方が慫慂《しょうよう》されています）についても、言及しておきましょう。『クルアーン』の場合は、他の宗教の聖典と異なる特色があります。もともと、アラビア語での「クルアーン」は、「読み誦する（べきもの）」という意味があり、文字として書かれた文には信を置かないという考え方を背景としています。というのも、その内容は、預言者ムハンマドが大天使ガブリエルから声によって伝えられた啓示的なものすべて、ということになっており、それをムハンマドが口伝えに語るのを、周囲の人々が、アラビア文字を使って文章化したのが、今に伝えられる『クルアーン』である、とされているからです。従って、日本でも井筒俊彦氏の労作をはじめ、幾つかの翻訳がありますが、如何なるものであっても翻訳は、基本的には『クルアーン』そのものではない、と考えられています。要するにアラビア語で暗唱することが『クルアーン』の本質である、という点で、『聖書』や仏典類とは趣を異にしています。

日本では、ユダヤ教、キリスト教にもまして、イスラム教に関する常識的な理解の狭さが感じられますので、煩瑣を厭わずに、イスラム世界とムハンマドについての大まかな解説をしておきましょう。紅海とペルシャ湾とに挟まれた、半島というには大きすぎる感も与えますが、亜大陸のような土地がアラビア半島です。七世紀にイスラム圏となるまでのアラビア半島は、主としてベドウィン族の土地でありました。ベドウィンとは、アラビア語の「砂漠の民」という意味の転化した言葉で、非定住民と定住民に分かれると考えられますが、半島の大半は農業に適さない砂漠で、そこでは遊牧民が主役となり、点在するオアシスを中心に幾つかの都市（その代表が、紅海側の中ほどにあるメディナ、メッカ）が生まれて、そこでは定住民が在住することになります。そのメッカに定住したクライシュ族が、アラビア半島の歴史の中で中心的な役割を占めることになります。

因みに、永い間、アラビア半島では、全土を統一するような政治権力は存在していませんでした。

このクライシュ族の祖先を遡ると、この地域の諸民族共通の祖であるアブラハムまで理念上は行きつくのでしょうが、直接にはその息子イシュマエルを以て元祖とするようです。アブラハムと妻サラの間には永らく子が生まれず、サラ公認の側室と高齢になったアブラハムとの間に漸く誕生したとされるのが、イシュマエルでした。そのクライシュ族が、ジャーヒリーヤ時代に、メッカで活動をしていました。因みにジャーヒリーヤとは、語の意味としては、「無知」つまりムハンマドの教えを「(未だ)知らない」ということであり、七世紀以前の時代全てを指してもよいとも言えますが、普通は五世紀ころ、つまり問題のクライシュ族がメッカに定住するころから、ムハンマドの時代までを指すのが歴史学上の習慣のようです。その当時のメッカは、オアシスを利用した農業ではなく(岩の多い地域で、もともと農業には不適とされています)、東ローマ帝国、ササン朝ペルシャ、エジプトなどを巡る周辺の国際情勢のなかで、有力な商業路として栄えていたのです。

ムハンマドという人物

五世紀ころに、ここに落ち着いたクライシュ族というのは、一応クライシュを共通の直近の祖先として持つ集団ですが、代を重ねるにつれて、それぞれが次世代の祖先をもつようになり、ここでも、中心となるまとめ役としての「王」のような権威者は存在せず、かなり雑然とした共同体の集団であったようです。

なお、この時代のアラビア半島、とりわけメッカ周辺での宗教的状況はどうだったのでしょうか。例えば、現在イスラム世界で最も重要な教会の一つとされる、メッカの「カーバ神殿」は、本来イスラムとは無関係な、土俗的な信仰が歴史の中で実を結んだもので、偶像崇拝を排するイスラムになってから、内部はすべて除去されたとされます。しかしムハンマドが宗教活動を始めて、メッカに上った時には、神殿のなかに三百を超える様々な神の像が祀られていた、と伝えられています。

そこにクライシュ一族の一員として生誕を受けたのがムハンマドです。生まれたのは五七〇年頃、没年は六三二年とされています。家族についていて判っていることは、父親はムハンマドが生まれた時には既に旅先で亡くなっており、母も彼が六歳のころ亡くなり、養育は祖父をはじめ親戚の人々に託された、寂しい少年時代だったようです。イエスの場合も、三十歳で所謂「公生活」に入り、三十三歳半ばで刑死するまでの短い期間の言動が、弟子たちの残した文書で詳細に描かれる（言うまでもなく、それがキリスト教における『聖書』ですが）ことで、私たちは彼の存在と信仰とを知ることになりますが、ムハンマドの場合も、幼少期から成人までについては、あまり記録が残っていません。ハディージャと称する女性と結婚し、子供たちにも恵まれたようで、その段階では、侘しい過去から一転、幸福な生活が束の間実現したことになったと言えるでしょうか。

しかし、新興都市としてのメッカの社会情勢は、矛盾に満ち、ムハンマドの心情は不安定で、時に郊外のヒラー山で、隠者のような生活を送るようになります。そして一大転機が襲います。彼が四十歳の頃（六一〇年）でした。彼自身は、何が起こったのか、当初は途方に暮れる状況だったと言いますが、むしろ家族から、それこそ神の啓示であり、ムハンマドは神の言葉を与り、人々にそれを伝える役、即ち「預言者」であることを説得され、自らも信じるようになったようです。その後ムハンマドは、何回か同様の経験を重ねたと言われています。六一四年ころから、ムハンマドは自らの体験を基に、丁度《ちょうど》イエスの「公生活」が、三十歳を機に、始まったのに似て、神の啓示に基づく信仰の姿を人々に説き始めたようです。そうした彼を中心に小さな信仰共同体がメッカに生まれました。

しかし、妻の死、そして有力な後ろ盾だった親戚の死などが重なり、また共同体への迫害の力も無視できなかったムハンマドは、新しい環境を求めて、多からぬ同信の者たちと、メッカを離れ、メディナへと移住（ヒジュラと呼ばれます）しました。この移住を以て、イスラム暦は「元年」としています。ムハンマドは、メディナのユダヤ教徒の共同体と融合しようと試みたようです。実際、今のイスラムの教えの中でも、モーセのようなユダヤ教徒も、イエスのようなキリスト教徒も、ムハンマドと並ぶ重要な預言者として認められています。

メディナではムハンマドを中心とした小さな共同体、「ウンマ」（ラテン文字に転化して通常〈ummah〉などと書かれる）が形成されていきました。このアラビア語は、最終的には「イスラム共同体」あるいは「イスラム国家」という意味を持つようになります。

その過程で、ムハンマドは、ユダヤ教との協働的関係を諦め、独自の宗教的な立場を固める方向に進み始めたようです。それと同時に、メッカを支配する、自分を生んだクライシュ族が、様々な偶像崇拝的多神教の立場で、カーバ神殿を使っていることも、許容し難いと思うようになりました。ムハンマドは、メッカに入って自らの信仰を広めることを決意し、そのため軍勢まで組織するようになります。戦う相手は、メッカを中心にシリアなどとの貿易のために、各地を往来する隊商の組織主体が主でした。すでにこの時、ムハンマドの軍勢は、中々の実力を発揮し、何度かの戦闘で勝利を収め、六三〇年にはメッカ攻略に成功します。イスラムの立場からすれば、イスラム勢力によるメッカの「解放」でありました。ムハンマドは、他の重要な宗教の開祖とは違って、政治的、軍事的に極めて高い能力を発揮した人物とみることができそうです。

なぜ「語り」に拘るのか？

ここから先、持ち前の軍事力を発揮して、アフリカ大陸北部を経て、ジブラルタルを通ってイベリア半島へ、といった版図の拡大などは、ヨーロッパ史との関連で比較的よく知られていると思われますので、ここで、イスラム教の聖書である『クルアーン』に関して、暫く眺めてみることにしましょう。

この語は元々「音読する」という意味を持つので、「書かれた」文章は、その段階で、すでに本筋から逸脱していることになると言います。ましてや、翻訳されて文字化されたものは、厳密には『クルアーン』とは認められないことになっているようです。なぜ「語り」に拘るのでしょうか。

それは、もともと、天使ガブリエルを通じて（とムハンマドは理解していたと思われます）の神からの「お告げ」が、異常な状態にあるムハンマドに伝えられ、彼の口からそれがそのまま再現されているもの、それが『クルアーン』だからです。この「お告げ」のムハンマドを通じての聴き取りは、六一〇年の第一回から、亡くなる直前まで断続的に続けられた、とされています。それが曲がりなりにも「文書」の形で集大成されたのは、ムハンマドの死後約二〇年、六五〇年頃のこととされています。内容が内容ですので、ユダヤ教やキリスト教の聖典が、ほぼ編年体で書かれ、新約ではイエスの生涯が、少なくとも伝道を始めた後の公生活の全容が、ほぼ辿れるような内容になっているのと比べて、ムハンマドの思想を体系的に捉えられるようなものにはなっていません。もっともメディナ時代とメッカ時代とは一応区別される形にはなっていますが、それも章立ての上でのことではありません。文章は、アラビア語に精通している方に伺いますと、とても美しい韻文体だとのことです。一応章立てはあって、合計一一四章と数えられます。簡単に手に入る邦訳としては、読み易さも顧慮して、国書刊行会版（水谷周監訳、杉本恭一郎訳補完）を挙げておきます。

ムーサーとイーサー

第一章（上述の翻訳では「開巻章」とされています）は異例に短く、僅《わず》か七つの文章でできています。イスラムの信者は毎日の礼拝を、とにかくこの章全文を朗誦《ろうしょう》することから始めることになります。『クルアーン』全体の内容がそうだと言ってしまえばそうなのですが、アッラーが宇宙・世界すべての主であること、アッラーは慈悲深く、何を措いても讃仰《さんぎょう》されるべき存在であり、人間は常にアッラーの示す道を歩むべきであること、などが示される文章となっています。

ユダヤ教、キリスト教の聖典も、必ずしも信仰の内容を体系的にきちんと述べたものではありませんが、『クルアーン』は、上に述べた成立の事情からも、その点では更に非体系的で、偶感的な内容となっています。勿論、ユダヤ教以来の歴史的な人物、特に、ムハンマドに先行した預言者たち、例えば第二八章では「ムーサー」（我々の知る名としては「モーセ」もしくは「モーゼ」）の事績が扱われます。もとよりムーサーを助ける神は「ヤハヴェー」ではなくて「アッラー」なのですが。また第三章ではユダヤ教を受け継ぐものとして、「イーサー」、つまり「イエス」も登場いたします。「イーサー」もまた、アッラーの啓示を受けて活動した預言者の一人とされているのです。イーサーの処女懐胎にも触れられていますし、「現世でも来世でもアッラーの傍に」座るべき存在であることが述べられています。また彼はアッラーから英知と新しい律法と福音とを伝えられたものとして描かれています。

こうしたことを考えると、西欧の歴史から見た、好戦的でキリスト教の敵とされてきたイスラムの概念、それが十字軍やイベリア半島における「レコンキスタ」運動などを生んだことにもなり、パレスティナでは、ユダヤ教との間の熱い戦いにまで及んでいるのを、深い悲しみを以て想うのです。

いずれにしても、宗教という明確な概念に関わることに及び腰な日本の現代社会のなかにあって、そうした既成宗教の姿への正確な認識にも、顔を背けがちになるのも、理解できないことはないのですが、それでは足りないところが出てくる、という思いを基に、宗教の聖典を、客観的な眼で眺めてみる習慣も必要な気がしています。ここでは、ヒンドゥ教も仏教も、記述の外になってしまいましたので、次章で考えることにして、この項をひとまず終わろうと思います。

［注］

1　ヘブライ語は、アラビア語などと同じように、セム系の言葉の特徴として、外来語の表現は別として、基本的には三子音だけからなる書字系の一種です。読む際の母音は随時自動的に決まります。なお、ユダヤ教の神の名を〈ＪＨＷＨ〉（ローマ字化してあります、今は原音に比較的忠実に「ヤハヴェー」と表記するようになりましたが、かつては「ヱホバ」あるいは「エホバ」と表記されるのが通例でした）という四つの子音文字で表すことが多いのですが、三字の子音の原則から外れた四つの文字（ギリシャ語で〈tetragrammaton〉と表現します）であることが、特殊・神聖を意味すると受け取られています。皮肉なことに英語で「四つの文字語」に当たる〈four-letter words〉というと、神聖どころか、通常口に出来ないような「汚い」言葉、いわゆる〈taboo words〉を意味します。

2　死海写本（死海文書とも）：一九四〇年代後半、死海に面したヨルダン川西岸の洞窟などで次々に発見された、主としてヘブライ語（一部はアラム語、ギリシャ語も混じる）で書かれた文書群の総称です。内容は半分近くを『タナハ』の諸部分が占めています。

第6章　アジア大陸の聖典

インドはなぜ「バーラト」と自称するのか

最近インドのモディ首相（ローマ字化してNarendra Modi, 1950〜）が、国際的な舞台で、自国の名称を「バーラト」（ローマ字ではBharat）と呼んで、世界に波紋を投げかけました。インドでは、独立後、地名などの英語名を、本来の名に戻す運動が盛んで、例えば、かねては「ボンベイ」として知られていた都市が「ムンバイ」と、「マドラス」はまるで変って「チェンナイ」と呼ばれるようになっています。もともと「インド」という表現も、本来インド大陸の人々（と言っても、極めて多くの部族と、それぞれが独自の言語を持つ多文化集合体がインド大陸なので、「インドの人々」という表現自体が、曖昧な対象しか持たないことも確かなのですが）が自らを呼ぶ言葉ではなかった、とされています。「インド」の語源である〈Hindu＝英語式に表記しますが〉は、本来はペルシャ語で、ペルシャ人にとって「インダス川の向こう側に住む人々」を指す言葉であったのだそうです。

多言語が特徴のインド大陸の中でも、歴史的に大きな役割を果たした言語であるサンスクリット語で、インダス川を〈Sindhu＝ここでもローマ字化しています〉と表記したのが、ペルシャ語に転化され、その後ギリシャ語その他の言語でも、これに似た表記が定着して現在に至っているということです。漢語では幾つか音訳があったようですが、その中の一つ「印度」が、日本にも渡来して、定着しました。

ではモディ首相が称した「バーラト」とは、何だったのでしょうか。現在のインドの憲法では、正式国名を（ローマ字表記で）〈Bharat〉としているということですが、もともとは古代インドの諸部族のなかでも、非常に有力な部族であったバラタ族に由来する言葉であるとされています。ちょうど、我が国が国際社会では〈Japan〉を使い、国内では「日本」を使う（インドと違って、日本の憲法を含む法令には、国名を正式に定める箇所は見当たらない）のを、国際社会でも〈Nippon〉もしくは〈Nif(h)on〉としようとしたかのような状況であったと考えればよいのではないでしょうか。

なじみのうすいヒンドゥ教

インド大陸の宗教事情も、版図が広大なこともあり、歴史的には（今日でも）極めて多元的であって、なかなか整理が難しい事情にあります。大まかに言えば「ヒンドゥ教」という言葉で括ることができるとしても、その内容は極めて多義的です。自然神信仰と定義すればそれは一応可能でしょうが、とりわけ、キリスト教におけるイエスや、仏教における釈迦牟尼《しゃかむに》、イスラム教におけるムハンマドのような、教義の中心を形造る決定的な人物がいない、従って、その人物の言動を元に、信仰の内容を具体的に記述することがない、ということもあり、また極めて多くの神が登場する極端な多神教であることもあり、中々統一的な把握に至り得ないのが実際のところでしょう。

それもあって、日本でも、仏教を育んだ原点という理解はあっても、ヒンドゥ教に関しては、使われる言葉であるサンスクリット語（日本では、古くから「梵語《ぼん》」と呼ぶことが定着していましたが、その文字表記である梵字は、一部の仏教世界を除けば、なかなか親しいものにはなりませんでした）への馴染みの浅さも加わって、必ずしも身近なものにはなっていない、という印象があります。しかし、私たちは、帝釈天《たいしゃくてん》、毘沙門天《びしゃもん》、弁財天《べんざい》、吉祥天《きちじょう》など、仏教を経由した結果とはいえ、我々の生活に馴染んだインドの神々（サンスクリットで〈deva〉と言います、なお今後本稿で使われるサンスクリット語はすべて、便宜的にローマ字で書き直された表記とすることをお許し下さい）を知っているわけです。帝釈天は、戦争、雷霆《らいてい》などを象徴する「インドラ」（Indra）神であり、毘沙門天は現世利益に繋がる「ヴァイシュラヴァナ」（Vaisravana）神、弁財天は芸術・学問と関わる「サラスヴァティ」（Sarasvati）という女神、吉祥天は幸運や富の象徴としての「ラクシュミー」（Laksmi）女神ということになります。『ヴェーダ』の中では、「ラクシュミー」は、ヒンドゥの主神の一柱ヴィシュヌの妃とされていますが、仏教の中では毘沙門天の妻である、とされるようです。

なお「ヴィシュヌ」（Visnu）神は主に保全と関わる神であり、創生と関わる「ブラフマー」（Brahma）神、破壊の象徴である「シヴァ」（Siva）神とともに、「三神一体」（Trimurti）として、他の諸神とは別格扱いをされる主神という立場にあると考えられます。

『ヴェーダ』とは何か

こうした神々の記述も含めて、インドにおける宗教的な文書、私たちが通常「聖書」という名のもとに理解している類の統一的な聖典について、少し考えてみたいと思います。

と書いたのですが、実は、この作業は恐ろしく難しいと言わざるを得ません。そもそも、ユダヤ教の『タナハ』、キリスト教における「旧約」と「新約」を合わせた『聖書』、あるいはイスラム教における『クルアーン』に相当するような、統一的な教義文書がない、と言える状況だからです。その理由の一つは、「旧約」におけるモーセ、あるいは「新約」におけるイエス、あるいは『クルアーン』におけるムハンマドのような、鍵となる人物が存在しないからだと思われますが、同時に、広大な版図において、多様な神々があり、それに伴って祭式なども、極めて多様化し、全体として統一的な聖典に纏め上げる必要性もなかったのでは、と推測されます。

例えば基本的な聖典とされる『ヴェーダ』ですが、紀元前一〇〇〇年ころから、リシ

（Rishi）と呼ばれる賢者、知者たちが、折に触れて天から啓示を受けて、それを口伝えにする習慣が生まれたことに端を発しています。この「シュルティ」（Shruti）と呼ばれる口伝が、サンスクリットに近いヴェーダ語によって次第に文字化されたものが、いわゆる『ヴェーダ』と呼ばれる聖典になります。ヴェーダの原意は「知識」であったと言われています。「リシ」は、ちょうど広い意味でのユダヤ教の世界（イスラム教もキリスト教も含む）での「預言者」に類似のもので、七賢人のような形で、具体的な名前も伝えられてはいますが、聖典の著者として銘記されるような存在としては扱われていないようなのです。つまり、それだけでも、基本的な文書が多様化し、複雑化する理由となるはずです。

とにかく『ヴェーダ』は、ヒンドゥ教の前身とも考えられるバラモン教も含めて、インド大陸の宗教的古典としては、最も重要なものとなりました。厖大な文書の中でも最古のものの一つとされる『リグ・ヴェーダ』は、全一〇巻からなるもので、かなり遅くなってから、文書化されましたが、「リグ」は「讃歌」の意味とされています。邦訳として辻直四郎訳注『リグ・ヴェーダ讃歌』（岩波文庫）を挙げておきましょう。

ほかには、讃歌を歌の形に整えた「サーマ」(Samaveda)、祭式に際して祭司が唱える式句の集成としての「ヤジュール」(Yajuruveda) があり、基本的には、この三つが『ヴェーダ』として認められていました。後になって、初期にはむしろ排斥されていた呪文、占星、占いなどの集成とも言える「アタルヴァ」(Atharvaveda) が、四つ目の「ヴェーダ」として認められるようになり、現在では、この四巻を以て『ヴェーダ』とされているようです。この全巻を纏めて邦訳したものは、残念ながら存在しないと言ってよいでしょう。

『リグ・ヴェーダ』は、神(対象となる神は、当然一つではない)に対して供物を捧げ、尊崇の念を表し、場合によってはこちらの願いを聞き入れてくれるよう願う祭式において、定められた文言であると考えればよいのではないでしょうか。この伝承は厳密さを求められ、一句たりとも疎かにしてはならないとされたようです。ここで神とされるのは、自然の殆どすべて、人間を超える存在としての自然物すべてが、それとされました。その点では同じく自然物への畏敬、神格化に基づく日本本来の神道において、その精髄を極めたと言われる論者の一人、本居宣長が「かみ」の定義として、「人間を超える超越的存在」一切を挙げたとされることに通じるところがあるかもしれません。もっとも宣長の「神論」は、そうした神へ人間が近づく手段としての呪術や密教的祭儀を退けたところに、特徴があるとも言われますので、同列に論じることの誤謬は明らかではありますが。

バラモンのための経典

話を戻しましょう。こうした文脈の中で、聖職者に相当する人々を「バラモン」（Brahmana）と称することは、広く知られています。結果的には、インドにおける「ヴァルナ」（Varna＝所謂インドのカースト制度）の最高位となって、差別的な社会状況を生み出す結果ともなりますが、『リグ・ヴェーダ』は、そのバラモンたちが、神に捧げる祈りの際に、用いられる言葉の集成と考えられます。それぞれの神に用いる言葉が、それぞれに決まっており、逆に観れば、バラモンはそうした言葉を使いこなすことによって、神々（個々の自然）を「支配」する力を備えている、という解釈が成り立つことにもなります。つまり一方では「呪術化」への厳しい禁忌を見せながらも、結局は信仰が即呪術に繫がる、という可能性がここに生まれるわけです。

なお、ヴァルナでは最高位の「バラモン」、武人と考えられる次位の「クシャトリヤ」(Ksatriya)、農業、牧畜、商業などに携わる第三位の「ヴァイシャ」(Vaisya)、そして上位の人々に仕える立場の第四位「シュードラ」(Sudra)を定めています。そしてこれら四位の人々からは排除さるべき人々として「アヴァルナ」(Avarna)があります(邦語では「不可触民」と称されています)。現在のインドの憲法では、この第五位に相応する人々の呼び名は禁じられています。

実際、私たち日本での自然信仰でも、豊漁、豊作を願ったり、病気からの回復を祈願したり、洪水や大風を鎮めたり、という具合で、果ては、現代の「合格祈願」やら、幸福な結婚への祈願などにまで通じる「現世利益」の仲介者としての神々が専ら、という現象が見られますが、人間の弱さ、あるいは、その裏に透けて見える人間の強さ、がそこには見え隠れしているとも言えましょう。

ただ、ヒンドゥにおける経典の基本は、バラモンの人々が神々と言わば付き合うときのためにある、とも言える事情があり、社会の階層性の問題も絡んで、人々すべてが、信仰の証、そして信仰の手引きとして読み親しみ、祭祀に参加する際にも座右となる「聖書」という性格は、希薄であるとも考えられます。それが、統一的、かつ汎人的に纏め上げられ、通用するような経典の形式としては、存在しないもう一つの理由でもあるのではないでしょうか。

仏教では

仏教の聖典は、これまで述べてきた諸宗教の聖典が、歴史的に見れば種々雑多なように見える側面がないわけではないにしても、ヒンドゥを除いては、一応統一的な理解が可能な、それなりにコンパクトな形で伝えられてきたのに比して、量も大量に、また多種に亘っていて、これさえ持っていれば、一応信者として総合的に認められる、という形にはなっていないのです。そもそも、この宗教を開いたと言われるゴータマ・シッダールタ（Gotama Siddhartha, ローマ字化してあります、もしくは釈迦（Sakyamuni, 同上）という人物の生没年さえも、諸説あって今でも定かではありません。紀元前六世紀前後という漠然とした言い方でお許しを戴きましょう。

釈迦は、現在のネパールに近い地域の部族（シャーカ族）の権力者の息として生まれました。その部族では、姓はみな「ゴータマ」とされる習慣があったようです。皇子として育ち、結婚して子供も得ますが、世間の人々の苦しみや悲しみや、生き物の世界での弱肉強食の姿に思いを寄せるようになり、遂に家を出て修行を重ね、ある樹の下で悟りを開いたと言われます。以後この樹は「菩提樹」と呼ばれるようになったそうです。悟りの結果を人々に伝えようと説法をはじめ、弟子になる人々（当初の「十大弟子」を含めて）が加速度的に増えます。出家した人々は「比丘《びく》・比丘尼《びくに》」と呼ばれ、在家のままの信者となった人々は「優婆塞《うばそく》・優婆夷《うばい》」と呼ばれました（これらの言葉は、もともとは当然サンスクリットで表現されましたが、ここでは我々に馴染みの深い漢字で書いていることをお許しください）。活動の場所はインド東部のマガダ国（Magadha＝前三世紀アショーカ王の時代には、インド統一の大事業を成し遂げることになります）やコーサラ国（Kosala）であったようで、コーサラ国では土地の長者が寄進した館が漢語では「祇園精舎」と呼ばれるようになったとのことです。釈迦の教団が拡大するにつれて、本来のヒンドゥに帰依する人々からは「法敵」のように扱われ、法難を被ることもあるようになりましたが、釈迦自身は八十歳のときサーラという樹（後の沙羅双樹）の下で没したと言われます。

　教義と呼ぶべきものを、乱暴に縮約すれば、基本は人々を悩みや苦しみから解放することが目的になりますが、祭儀や祭式は重要ではなく、個人が自らの内面を丹念に見つめ直し、そこに潜む妄執に気付くことで、そこから自由になる、という方法がとられました。そのために「四諦《したい》」「八正道《はっしょうどう》」「十二因縁《じゅうにいんねん》」などの言葉によって表現される、煩悩、妄執から解き放たれて、真理の正道を歩むために必要な実践を説いていますが、典拠となる聖典は、繰り返しになりますが、多種多様で、この一巻を読み解けば、という性格のものは見出し難いというのが実情のようです。

　それでも大蔵経という名称で知られるものが、取りあえずは総聖典として挙げられるでしょう。経蔵、律蔵、論蔵と言われる三蔵とその注釈を修めた大典ですが、日本では一九二四年からほぼ十年をかけて編まれた『大正新脩大蔵経』が、正典ということになりましょう。正編だけで五十五巻、続編三十巻、更に別巻十五巻というもので、例えばキリスト教の『聖書』のように、ホテルのベッド脇にそっと置いておけるような聖典とは、全く異なることになります。私たちは、そこから、なにがしかの教えを引き出して考えていくしか方法はないと言えましょう。

第7章　国家と宗教

戦後における信教の自由

戦前の、しかし明治維新後の近代国家としての日本が、政教分離という基本から外れていたことは、周知のことでしょう。明治維新に際して、廃仏毀釈という原則がとられたこともよく知られていますが、それは政教分離で政治から仏教を切り離す、という考え方に則ったものではなく、国家神道を進めるために、社会の中に隠然たる勢力を持つ仏教的な理念が邪魔であったからでありました。つまり、維新後、敗戦までの日本は、「惟神《かんながら》の道《みち》」を奉じる神道によって、国政が動かされる国家であった、と言えるでしょう。時に使われる「国家神道」という言葉が、そのことを明瞭に表しています。

このような事態に対する反省もあって、戦後の憲法では、信教の自由を明言した上で、国が何らかの宗教に関与することを第二〇条で禁じるとともに、公金を宗教上の（教育上も）組織に支出することを禁じる（第八九条）ことをも確言しています。この点は、政府の閣僚が靖国神社に参拝するに当たって、玉串料、御榊料《おんさかき》を個人のポケット・マネーから支出していることが、しつこく報道される理由にもなっていますし、逆に、私学助成金という形で私立の学校法人に国家（文部科学省）が助成金を支出していることは、私学のなかに宗教法人が経営するものも少なくないこともさることながら、教育上の組織への禁止も加わって、明らかな憲法第八九条違反ということになります。自衛隊に関して第九条違反を声高に主張する方々も、それよりもはるかに明確なこの憲法違反には、全く目を瞑っているのは奇妙と言うべきではないでしょうか。それはともかく、日本国の現憲法が、政教分離をかなり厳しく守ろうとしていることは、公明党という、宗教法人が背景にある政治団体の去就も含めて、はっきりしているように思われます。

英米の政教分離

では近代国家と言われる他の国々は、近代理念の一つと称揚される政教分離をどのように実現しているのでしょうか。例えば、キリスト教を基礎に組み立てられてきた欧米諸国の一例としてイギリスを見てみましょうか。

学校の歴史でも必ず学ぶように、キリスト教と言えばカトリシズムであった時代に、ドイツに生まれたルターの活動をきっかけとしてプロテスタント運動が、イギリスにも波及し、国王の信仰理念と重なって、血で血を洗うような時代がありました。それを経て、国教会としての聖公会（Anglican Church）という形（プロテスタント諸派の中では、恐らく最もカトリックに近いと考えられますが）で落ち着いて以降、勿論スコットランドやアイルランド（正確には北アイルランドはイギリスの一部ですが）を主とするカトリシズムへの回帰のヴェクトルも侮れないとしても、現在も聖公会が、イギリスという国家の根幹に座っていることは慥かです。そのことは、国王の戴冠式が、聖公会の責任者とも言うべきカンタベリー大司教の手で行われることからも、瞭然としています。但し、国政との関係を見れば、これも周知のことですが、イギリス君主制を象徴するようなフレーズ、「君主は、君臨すれども、統治せず」（Reign but not rule）が物語るように、国王が国政に直接参与することはないので、その意味では、政教分離は形式上満たされている、と言えるでしょうか。

その植民地であったアメリカもまた、大統領の就任式においては、聖書に手を置いて宣誓する習慣は健在です。国政と教会との距離は、イギリスよりも、より遠いと考えてよいでしょうが、社会全体としては、キリスト教国という看板を下ろしてはいません。

ドイツに見るプロテスタントとカトリック

ドイツは、何らかの信徒（ユダヤ教徒も含めて）である限り、教会税を納める義務があることを定めているヨーロッパの国々の代表例かもしれません。教会税は連邦政府の管轄ですから、国家が宗教に助力をしている、という形になっています。ただ、特定の宗教との関係は一切ないことになっていますし、さらに「無信仰」な人間には支払い義務はないという点で、政教分離の理念は、傷ついていないと言えるでしょう。面白いことに、カトリック教会では、納税の義務を果たしていない信徒がミサに与る権利がないという判断を下していますが、別段ミサの参加者一人一人に教会税を払っているかを確かめる、などということは全くありません。

もともと、上述のように、プロテスタント運動の発祥の地と言ってもよいドイツ語圏では、カトリックとプロテスタントに関して、領主や為政者の信仰によって、地域がモザイクに塗り分けられる傾向があります。見知らぬ街について、教会に出会ったとき、それがカトリックの教会であるのか、プロテスタントのそれであるのか、外見だけでは見分けがつかないということも起こります。中へ入って、マリア像が堂々と飾られていれば、カトリックだと判断できますが、プロテスタントの教会でもマリア像を置いているところも、けっして少なくありません。もっとも、多くの場合、像の周囲にロープが巡らされ、中の像に近づくには、献金箱のようなものが遮っていて、幾何かお金を払うように仕組まれている事例も多いのです。つまり、かつてはカトリックの教会であって、マリア像がきちんと整えられていたのに、プロテスタントに改宗した際、マリア像を廃棄するに忍びなかったという歴史の中で、信仰の対象としてのマリア像ではなく、あくまで美術品を鑑賞するのだ、という建前を立てて、像を残した、という歴史が読み取れます。美術館に入るのには、誰でも何がしかお金を払うでしょう。

念のために余計なことを付け加えますが、プロテスタントでは一般に崇敬の対象はイエス像と十字架だけと考えていますが、カトリックでは、特に私的な祈りを持つ場合、神やイエスに直接祈るのは倣慢が過ぎる、とでも言えばよいのでしょうか、何事も包含してくれると思われる聖母マリアの仲介を通じて、神への祈りを捧げる、という考え方が、一般的になっています。「天使祝詞」と言われる、マリアへの特別な祈りの言葉も、広く伝わっていますし、何よりも「アヴェ・マリア」と親しみを籠めてマリアに呼びかけるフレーズが、広く使われるのは、音楽の世界だけを見ても判ることではないでしょうか。

話を戻すと、事程左様に、ドイツ語圏では、カトリック信仰を貫くのか、プロテスタント信仰に改宗するのか、という点が、個人としても、また様々なレヴェルでの共同体、社会にあっても、実に微妙な影響を残しているのです。

フランスのライシテ

フランスは、歴史的に見れば、カルヴァン的なプロテスタント運動を目指した「ユグノー」とカトリックの争いも、アンリⅣ世による「ナントの勅令」と、大革命を経て、国内では比較的落ち着いた状況の中で、カトリック的な信仰形態が暗々裏に社会に認容されてきたことは確かですが、一方で十九世紀以降幾つかの場面で、社会の原理のなかの宗教的要素を排除しようとする法制度が試みられた末に、第三共和政時代の一九〇五年「ライシテ法」と呼ぶべき法律が公布されて、政教分離の原則を明確に確立した国家になりました。それは、国家統治体制としては、社会の基底に広がるカトリシズムと、完全に縁を切る宣言でもありました。「ライシテ」(Laïcité)というのは、大革命に端を発すると解する識者も多いようですが、要するに「個人の信仰の自由は確保しつつ、支配権力機構のなかへの、聖職者の介入を一切排除する」という意味を持つ言葉です。日本では「世俗主義」と訳されることが多いようですが、確かに世俗主義(secularism)には違いないのですが、より政治に密着した理念と見做すべきではないでしょうか。語源となった〈laïque＝形容詞〉は、英語の〈lay〉と同じで「平民」を表すギリシャ語〈laos＝ローマ字化してあります〉に由来すると考えられています。

それはそれでよいのですが、現代では、アフリカ植民地の後始末もあって、相当数の移民、特にイスラム圏の移民を抱えこんだことによる宗教問題が、国家的な規模で生まれています。最も典型的な例は、二〇〇四年に国家の法として発布された、公教育の場面での「ヒジャブ禁止令」でした。「ヒジャブ」というのは、イスラムの女性たちに最も一般的な、スカーフ様の装身具で、他にも「ニカーブ」など、幾つかの顔や身体を隠す衣装などがありますが、この禁令は公立学校におけるものでした。しかし、二〇一一年には、より一般化されて、公共の場（個人の所有する乗用車内と祈禱のために特別に設けられた場所を例外として）において、顔を隠すような装具は一切禁止するという形に拡大されました。つまり国家体制としては「世俗」を貫く、という理念を立てて、イスラムの宗教的習慣の一つである女性の服装に関して、国家が禁令という形で介入するのは、誤っていないか、という問いかけは、疎かにはできないものでありました。政権側は、宗教的習俗の否定ではなく、専ら、犯罪の防止に益があるという観点からの措置である、という主張に依存した対応を重ねてきています。

ロシアにおけるギリシャ正教

もう一つの例は、私たちには余り馴染みのないロシアです。その原型は十世紀に成立したキエフ公国と考えられます。最近は前述のように「キーウ」と仮名書きするようになりましたが、私のような年齢の人間にとっては、かつて世界史で学んだ「キエフ公国」、あるいはムソルグスキーの『展覧会の絵』の終曲「キエフの大門」を、「キーウ」と変更し難い想いがあるので、キエフで通させて戴きましょう。ウラジーミルⅠ世（955頃～1015）によって、ビザンチン帝国（東方教会）に範をとり、ギリシャ正教を国教として定めた国家建設でした。今、プーチン・ロシアはウクライナを自国領土の一部と主張して、無謀にも、ウクライナへ攻め込んでいますが、歴史上は、むしろロシアがウクライナの一部と言うべきであったわけです。

つまりロシアは永らくギリシャ正教（ロシア正教）国として、国家の基盤を形成した、といえるでしょう。特にコンスタンティノープルがイスラム勢力の拡大の中で、東方教会の主聖地としての役割を失ってからは、キエフは、東のローマとさえ考えられるようになりました。ロシアの近代化を目指すピョートル大帝の治下、正教会は国家の積極的な支持を実質上失い、やがてロシア革命によって、共産政権が生まれるに及んで、宗教活動は、個人的な場面以外の、公的なレヴェルでは一切禁じられるようになりました。ただ、一九八八年、正教伝来一千年祭がかなり幅広く行われて、禁令に緩和の兆しが見え、一九九〇年、ゴルバチョフ政権下に、新宗教法が制定されて、宗教活動は大幅に緩和され、ペレストロイカの波の下で、正教会の存在も正式に認められる形となりました。実際、その後のロシアの政治的な場面に、キエフの大司教などがしばしば登場するのを見るにつけ、現在のロシアのウクライナ侵攻が持つ複雑な事情が、ある程度偲ばれるようにも思います。それはともかく、ソ連邦時代を経て、ロシアは、通常とは逆の意味で、国家と宗教の関係を考えさせる事例を提供してきたことは確かでしょう。

イスラム教の最高指導者が国家元首の国イラン

もっとも、現代国際社会のなかでも、幾つかの国々では、国家と宗教とが分離し難く結びついています。その典型例は、イスラム系のイランでしょう。イラン（ペルシャ）は、歴史的な過去では、ササン朝時代、紀元前六世紀に生まれたゾロアスター（生没年不詳）の教えに基づく一種の宗教的教義が支配したこともありましたが、しかし、紀元後六二二年、所謂「ヒジュラ」、つまり預言者ムハンマドが、弟子たちとメディナへ移住したことをきっかけに発展を続けたイスラム勢力によって、六四二年、歴代の帝国は崩壊し、その後十六世紀にイスラム教シーア派の教義を国是とする国家となりました。

その後曲折は多々ありましたが、一九二五年成立したパフラヴィ王朝は、一九七九年国王の政権に、革命をもって挑んだホメイニー（1902〜89）による「イラン革命」の成功とともに崩壊、イラン・イスラム共和国が誕生します。ここでは、問題なくイスラム教の最高指導者であるホメイニーが、国家元首の地位につき、大統領ら政治権力を支配する形となりました。ホメイニーは、通常噂されるほど、イスラムの教義一点張りではなく、政治的公正には配慮した運営を目指した節もありますが、基本は厳正な教義への忠誠が国民に求められました。八九年の死に際しては、葬儀のなかで支えられた棺が地上に落ち、散乱する棺内の物を巡って奪い合いの争乱さえ起きたことは、当時も報道されました。現在ではホメイニーを継ぐハーメネイー（1939〜）が、国家元首の立場にあります。

最大のイスラム教国インドネシア

同じイスラム国とされますが、インドネシアの場合は、かなり実態が違っています。インドネシアがオランダの植民政策から離脱して、独立を獲得したのは、日本の統治も終わった一九四五年のことです。当時の独立運動の指導者の一人スカルノ（1901~70）は一九四九年共和国として独立が承認され、初代の大統領に就任しましたが、同五〇年に制定された「憲法」では「パンチャシラ」と仮名書きできる「五原則」を国是とすることが、前文に謳われました。その第一に当たるのが「宗教原理」で、イスラム教を筆頭とする唯一神への信仰を前提とし、無信仰は時に逮捕されるほどの国法違反とされます。なおインドネシアでは国旗（二色旗）のほかに「国章」というべきシンボルが定められていますが、それは、「ガルーダ」という神鳥が抱える五つのシンボルによって構成されていて、パンチャシラの重要性を物語っています。

ただ、その第一項で認められているように、イスラム教への帰依が国民に強制されているわけではなく、キリスト教新旧二派、ヒンドゥ教、仏教、儒教も公認されています。ヒンドゥ教、儒教が、唯一神信仰の宗教であるか、厳密に言えば、問題はありましょうが、その辺は極めて現実的な対応がなされている、という印象を持ちます。国民の間では、イスラム教信徒が大半で、一国内のイスラム教徒の人口は、インドネシアが世界で最大と言われますが、バリ島では、ヒンドゥ教の教えが支配的であることも、良く知られた事実です。憲法において、国民の信仰が強制されている、という事実とは裏腹に、その運用は極めて寛容であると考えられ、イスラム国とされる国々の間では、イランなどと対極にあると考えられます。

神政政治を行う近代国家イスラエル

もう一つの宗教国家とされるイスラエルについても、一言あるべきでしょう。もっとも、国家としてのイスラエルの過去を振り返れば（筆者にその能力があるかどうかは別にして）、優に一冊のぶ厚い書物が必要になりましょう。ここでは、ユダヤ民族の国家についての歴史的な記述は省略して、近代国家としてのイスラエルに関してのみ、瞥見してみるに留めます。

紀元前一一世紀頃以降、前六世紀までは、かつてはカナンと呼ばれ、現在パレスティナと言われる地方を中心として、王国の繁栄を誇ってきたユダヤ民族でしたが、前五八六年、最後の王国が滅びた後は、様々な時代の、様々な政治的、社会的事情から、統一的な国家を形成することから見放された状態を続けてきました。彼らは世界中に散らばって（Diaspora と言われます）、常に祖国の成立を夢見ながら迫害に耐える生活を余儀なくされてきたと言えます。

迫害される理由の一つは、彼らが、どのような社会にあっても、民族の基礎であるユダヤ教の教義と習俗を固持していたことにあるでしょうし、キリスト教の影響下にある地域では、そもそもイエスを極刑に処したのが彼らの祖先である、という点が働いてもいるでしょう。因みに「イスラエル」という言葉自体「神が戦う（支配する）」という内容を持つ言葉であると言われていますから、国家を形成した際には、「神政政治」となる、という宿命を帯びていると考えてよいでしょう。

さて、民族の夢が叶うのは二十世紀になってからでした。オスマン・トルコによって支配されていたパレスティナ地方への回帰は、ユダヤ民族にとって積年の希望でしたが、第一次大戦前から、各地のユダヤ人たちがパレスティナを目指す（シオニズムと呼ばれました）傾向が盛んになります。この段階で、第一次世界大戦の際にイギリスが執った二枚舌とも言える国際政策が、歴史のなかで決定的、あるいは致命的な結果を生むことになります。というのも、イギリスは、敵国ドイツと同盟を結んでいたオスマン・トルコの勢力を弱めようと、圏域内のアラブ人の反乱勢力を支援し、戦後のアラブ人がパレスティナを含む地域において、アラブの国家を独立させる、という約束を行ったのです。しかし、その一方ではイギリスは、シオニストたちにも、戦争への協力を求めました。その代償の一端として、当時のロイド・ジョージ戦時内閣の外相だったアーサー・バルフォア（Arthur Balfour, 1848~1930）が、イギリスの経済界の大立者でユダヤ系であるロスチャイルド家（当時はウォルターが当主でありました）に宛てて書いた書簡のなかで、ユダヤ民族の夢を叶える、という約束をしたのです。つまり、パレスティナ地域において、独立国家を樹立することを容認するという誓言を、私的書簡とはいえイギリスの外相が行ったことになります。この書簡は一九一七年に公開されて「バルフォア宣言」と呼ばれるようになりました。

明白に相克するこの二つの外交的施策が、どれほどの災いを導いたかは、今日のパレスティナの惨禍を見ても明らかで、このイギリスの外交政策の失策には、償い切れない重みがあったというべきでしょう。バルフォアが聊か独りよがりの独走をした、あるいは、アラブに対する約束のなかに、パレスティナ地域を入れたつもりはなかった、などという言い訳はあり得るかもしれませんが、それにしても、イギリスはとんでもない責任を負ったことになります。それに関して、イギリスが、どのようにその後償いの行為を行ったか、という点でも、大きい疑問が残りますが、これ以上、この政治問題に踏み込むことは控えましょう。いずれにしても、共和制という近代国家の態を持つ国家が、明確な神政政治を採用している典型例の一つが、このイスラエルである、ということになります。

こうして、政教分離、つまり国家あるいはそれを運営する国政という立場に立った時に、宗教からは自由でなければならない、という近代国家の原則は、現代世界において、必ずしも順守されているわけではない。このことは理解しておかなければならない論点の一つではないでしょうか。

第8章

無神論・反神論

無神論とは何か

無神論と反宗教論とは、内容上は重なるところが多い所説ですが、「無神論」の方は、文字通り神の存在そのものを否定的に論じる姿勢を持つものです。他方「反宗教論」は、日本語として熟していない表現ですが、歴史の中で繰り返し現れ特にヨーロッパ近代には、一つの組織的な主張として現れます。もう一つ、ヨーロッパの歴史の中では「理神論」(deism)と称される立場があることも付言しておきましょう。主として十八世紀フランス啓蒙主義時代、一部の論者、例えばヴォルテール(Voltaire, 1694~1778)やディドロ(Denis Diderot, 1713~84)たちが執った立場で、神の存在を合理的な側面でのみ認めようとする立場を指しますので、奇跡などの「神秘的な」現象を一切認めないことになります。したがって、正統キリスト教の立場では、この考え方は「無神論」と違わないことと考えられがちです。

こういうわけで、問題の内容は極めて多義、多様に亘ります。例えば、遡れば、古代ギリシャのユニークな詩人、哲学者クセノパネス（Xenophanes, 570BC頃~475BC頃）は、ホメロス（Homeros, 生没年不詳なれど、前八世紀頃か）やヘシオドス（Hesiodos, 生没年不詳、やはり前八世紀頃か）以来の、伝統的な擬人主義的神概念（anthropotheism）を徹底して攻撃し、牛が神を持てば牛の形、馬が神を持てば馬の姿で、神を描くだろう、という名句を残していますが、では彼は無神論かと言えば、そうではなくて、むしろ古代ギリシャ思想としては珍しく、唯一無二、人間を超越した全能な存在としての神概念を持っていたとされています。

あるいは、ヨーロッパ近代に、「神は死んだ」というしばしば引用される警句で知られ、組織的に無神論の論陣を張ったと考えられているニーチェ（Friedrich Nietzsche, 1844~1900）が、若い頃母親の希望もあって、ボン大学の神学部（プロテスタント系）で牧師になるべく学んでいたころ、信仰から離れる決定的な影響を受けたとされるシュトラウス（David Strauss, 1808~74）の著作『イエスの生涯』（*Das Leben Jesu*）は、当時キリスト教世界からは、「ユダの裏切りに匹敵する」書とさえ難じられた書物でした。シュトラウス自身は汎神論者ではあっても、完全な「無神論」者ではなかったと考えられていますし、イエスの存在やその説くところを完全に否定したわけでもありませんでした。ここでは、ちょうどクセノパネスの主張と真反対の構造であり、神の存在を否定しなくとも、汎神論を否定して唯一全能の神の存在を認めるか、そうした神観を否定して汎神論に走るか、という選択があり得ることが見て取れます。

汎神論と唯一神

念のためですが、汎神論（pantheism）というのは、これもいろいろなタイプがあり得ますが、基本的には、この宇宙に存在する万物が神である、あるいは神の力である、という主張と考えてよいのではないでしょうか。例えば日本の古来の神観、山に、川に、樹木に、岩に、あるいは動物に、神を認め、神が宿るという発想も、その意味では汎神論の一つの形と考えられましょう。

考え方の対立としては、「唯一神論と上の汎神論」、「擬人主義的神論と人間を隔絶した存在としての神論」、さらには神と人間の姿が類似しているという点では一見擬人主義的神論に見えながら、実は全く逆に、ユダヤ・キリスト教のように、神が自らに似せて人間を創造した、という考え方との対立も見て取れます。再度確認せざるを得ないのは、この問題は極めて多義性、多元性に富んでおり、整理をするだけで、大仕事になると思われるのです。一つ最初に確認すべきことは、論理的な側面からみれば、無神論のほうが有神論よりも強い立場にある、という点です。

デカルトの心身二元論

かのデカルトを悩ませた問題は、こうです。空間のなかに、ある広がり〈ラテン語で〈extentio〉と呼ばれ、哲学の世界では「延長」と訳されています〉を持つ「物」は、誰もが感覚を駆使してその存在を確認できるわけですが、「心」のほうは、そうした確認方法では存在を確かめられません〈神もまた同じ宿命を帯びています。ある人の言い分では「神は顕微鏡の精度をいくらよくしても、あるいは望遠鏡の精度をどれほど高めても、それで見つかるものではありません」〉。そこで、デカルトが辿り着いた結論は、そういう風に考えている、ということそのものでした。デカルトは、それを自らの中で体験していますから、そのこと自体が「考えている」という「心」の事象の存在を明らかにしている、それが「我惟う、ゆえに我在り」の表現になったわけです。それは「心」の存在と同時に、「我」の存在を明証的に確かめる手段でもありました。明確な「心身二元論」あるいは「物心二元論」の誕生です。しかし、神の存在の証明にこの手段は使えません。「延長(extentio)としての神」を見た、あるいは触った人はいないからです。つまり、神の存在は元々不確かなものであり、無神論者は、ただそれだけのことを言えば、自説の論拠は足りる、とすることができるのに対して、有神論者は、積極的に神の存在する根拠、あるいは論拠を提示しなければならないことになります。

再びデカルトを借りれば、「すべてのことを疑う」という(その姿勢はしばしば「クリティカ」と呼ばれ、また「徹底懐疑」、あるいは広く「懐疑主義」と称されるものでもあります)立場は、それだけで必然的に「反・有神論」であり得るわけです。「神の存在」は真っ先に徹底懐疑の対象にならなければならないのです。そこで、という接続詞を使って構わないでしょう、『方法序説』でのデカルトは、上の「心」の存在についての、確実と思われる証明の議論の直後に、いわゆる「神の存在論的証明」を熱心に試みています。その証明が成功しているか否かは措くとして、その彼の論述の流れは、まさにここで述べてきたような問題意識を辿っていた結果であったと思われます。

ここでデカルトに託した説明をしましたが、「神」と「心」の間の対称性は、「精神」という言葉や「神」と「心」の音韻上の類似などからも推測できるように、決して偶然とは言えません。実際「唯心論」に対立する「唯物論」は、近時ではマルクシズムに基づく「唯物論」をイデオロギーとしたかつてのソヴィエト・ロシアが、マルクスの言葉として有名になった「宗教は大衆のアヘンである」という言葉に忠実に、宗教活動に強い制限を加えたのはよく知られています。もっとも結局は、かつてその領土の一部とされたウクライナのキエフ――今はキーウと仮名書きするのだそうですが――の大聖堂を根拠とするキリスト教正教を駆逐することはできなかったのは、現在私たちが見る通りですが。

ドーキンスの反宗教論

現代「反宗教」主義の尖兵と目される生物進化学者リチャード・ドーキンス（Richard

Dawkins, 1941〜）は、その著 *The God Delusion*（邦訳『神は妄想である』垂水雄二訳、早川書房）のなかで、神の存在に関する人間の姿勢を七つの階位に分けて論じています（同書七九ページ以下）。そこでは、神の存在の絶対的な証明も、絶対的な反証も出来ないとすれば、しかし、そこでの選択肢は、一かゼロではなく、濃淡のある姿勢があり得るというのです。

省略、変形しながら引用してみましょう。

一　神の存在を百パーセント肯定する　「神が存在することを知っている」

二　百パーセントと言われれば、そうではないが、極めて確かに「神の存在を信じている」

三　五十パーセントよりは高い信頼度をもつ　「神の存在を信じたいと思う」

四　五十パーセントの姿勢　「存在・非存在どちらも考えられる」

五　五十パーセント弱　「存在説にどちらかと言えば懐疑的である」

六　ゼロの蓋然性に近い　「存在説には否定的だが、完全に否定してしまうとは考えない」

七　百パーセント否定する「神が存在しないことを知っている」

このように分析されれば、人間だれしも、上の七つの姿勢のどこかに、自分の位置を定めることになるでしょう。そして、この「蓋然性」（パーセンテイジ）に極めて直接的に関わる大きな要素が自然科学であることもまた、ある程度必然的になると思われます。実際、この書物を書いたドーキンスは、〈七〉のカテゴリーに入ると思われますが、彼自身は「科学者」であることを自認しています。

西欧近代の歴史を見ても、ニュートンの体系がフランスに紹介された時代に、ヴォルテールやドルバック（Paul d'Holbach, 1723~89）のような、ある種の無神論が生まれますし、通常の理解では、更に遡って、我々が、科学的に立証されていると考えている、コペルニクス（Nicolaus Copernicus, 1473~1543）の太陽中心説（所謂地動説）が発表された後の、キリスト教会側の反応や、ダーウィンの生物進化論に対する、やはりキリスト教会側の（今日まで一部では続く）反発などが、強い印象となって、科学こそが、人々の姿勢を、上の四から七へと導く、最も大きな根拠であることは、争えない点でしょう。

科学と宗教の関係

歴史的なことを言えば、筆者が永年主張してきたように、コペルニクスにしても、ニュートンにしても（ダーウィンに関しては、聊か留保するにせよ）、キリスト教の信仰を捨てていたわけではなく、いや、むしろ、ユダヤ・キリスト教の神と、その創造になるこの世界との関係を基礎に置いた発想であり、主張であったことは、今でははっきりしていると考えられます。極《ごく》表面的に考えても、あれだけ強固にユダヤ・キリスト教という宗教を、思想的根幹に置いた西欧世界だけが、科学を生んだ、ということを説明しようとすれば、歴史的に観て、科学と宗教とは対立するどころか、一体化した存在であった、と考える方が、筋が通っているでしょう。

だとすれば、歴史のどこかの過程で、科学が宗教から脱皮して、独立した知識体系へと変貌した、と考えなければなりますまい。筆者は、それを、十八世紀西欧世界に起こった「聖俗革命」と呼んで、説明できると考えてきましたが、ここではこれ以上、その話題に立ち入ることは控えます。「聖俗革命」で変貌し、独立した後の科学が、キリスト教のみならず、宗教全般に対して、とりわけ、神概念の存在に対して、強力に反対、否認する論拠を提供したことは、紛れもない事実に違いありません。

と言うのも科学において暗黙に前提されている重要なポイントは、デカルトが峻別した「物」と「心」の二元論において、科学が扱うのは「物」に限定される、という点だからです。科学の定義は一筋縄では行きませんが、取りあえずのものとして「科学とは、世界に生起するあらゆる現象を、時間－空間内での〈物〉の振舞いで記述しようとする立場を指す」というのは、それほど間違っているとは言えないでしょう。私たちは、時空内に「延長」（広がり）を持って存在する「物」については、自分の五感を使って、その存在を確かめることが可能であり、人間は、その「確かさ」を頼りに、生きている、というところがあるのです。そして、その確かさを根拠にして、何かを認めることを「知る」という言葉で表現します。

一方「信じる」という行為は、どうなのでしょうか。「あなたはＵＦＯの存在を知っているか」と、普通人は尋ねません。「信じるか」あるいは「信じているか」という尋ね方が妥当なのではないでしょうか。何ものかの「存在」を知る（知っている）ことと、「信じる」（信じている）こととの間には、大きな差があります。通常私たちは、決定的、あるいは絶対的な根拠に基づいてその存在を確認している、と考えられるとき、「知る」を使います。そうした決定的な根拠がないとき、あるいはそういう根拠づけとは異なった次元で、その存在を受け入れ、認めるとき、「信じる」を使います。

先ほど引用したドーキンスの七つのカテゴリーのなかで第一と第七とは、どちらも「知っている」という言葉が使われているのも暗示的です。言い換えれば「信じる」ことの中には、一種の賭けが含まれています。だからこそ、人は何かを信じるとき、自らの心、あるいは魂を投入するような立場に立つことが多いことになるのでしょう。科学は「知る」の世界です。「信じる」世界に科学が入り込むことは、越権行為とも言えます。

第9章　科学的合理性と宗教

処女懐胎をどう考えるか

近代的な教育を受けた人間が、何らかの宗教に接するとき、最初に躓くのは、多くの宗教に関わる文典の中に、「超自然」的現象、直截に言えば「奇跡」とされる現象が現れることではないでしょうか。こちらがキリスト教の片隅にいることをご存じの、学識豊かで、キリスト教をはじめ諸宗教に充分な理解と共感をお持ちの方が、私と出会って最初に発せられた言葉が「マリアの処女懐胎をどう思われますか」であったことは、印象的です。この問いは、決して詰問でも、試そうとする底意地の悪い問いでもなく、純粋に「お前さんはどう考えてきたのか」という問いだったので、決して不快にはなりませんでしたが、確かに、キリスト教では、そもそもイエスの誕生という出発点から、超自然的なお話が出てきます。

この出来事は、『新約聖書』の冒頭を飾る「マタイによる福音書」では、十五行ほどであっさり扱われていますが、続くルカの証言では、ほとんどその第一章の大半が、この点に費やされているほど詳述されています。煩瑣と思われるかもしれませんが、その「ルカによる福音書」第一章から、少し引用してみましょう。なお、『聖書』の引用は、私が昭和二四年、小学校卒業に際して、担任の先生から記念に贈られた、聖書協会聯盟刊『舊新約聖書』によることにします。文語、旧字体、旧仮名ですが、七十五年の間使い続けてきた、分かち難い友達であるがゆえに、不便をお許しください。

　御使ガブリエル、ナザレといふガリラヤの町にをる処女《をとめ》のもとに、神より遣さる。この処女はダビデの家のヨセフといふ人と許嫁《いひなづけ》せし者にて、其の名をマリヤと云ふ。――中略――御使いふ『マリヤよ、懼るな、汝は神の御前に恵を得たり。視よ、なんぢ孕りて男子を産まん』、其の名をイエスと名づくべし。彼は大《おほい》ならん、至高《いとたかき》者《もの》の子と称へられん。――中略――マリヤ御使に言ふ『われ未だ人を知らぬに、如何にして此の事のあるべき』。御使こたへて言ふ『聖霊なんぢに臨み、至高者の能力《ちから》なんぢを被はん。此の故に汝が生むところの聖なる者は、神の子と称へらるべし――後略』――中略――マリヤ言ふ『視よ、われは主の婢《はしため》女なり、汝の言のごとく、我に成れかし』つひに御使はなれ去りぬ。（同書　二六節〜三八節　漢字は新体化）

これがイエスの母マリアの「処女懐胎」を語る福音書の白眉の場面ですが、煩瑣を厭わずに、幾つかの脇道に触れておきましょう。第一に、ここでの天使ガブリエルの言葉には、先例があるという点です。私たちの言い方では『旧約聖書』、つまりユダヤ教の経典の中に、前八世紀に活動した預言者イザヤの書があります（「イザヤ書」とされていて、現在の旧約聖書のなかでは、「創世記」から数えて二十三番目の、図抜けて長い六十六章の記述となっています）。殆ど同じ言葉が見られるのですが、その部分を引用しておきます。

主みづから一つの予兆をなんぢらに賜ふべし　視よ　をとめ孕みて子をうまん
その名をインマヌエルと称ふべし
（同書第七章一四節）

参考までに英語のテクストも掲げておきます。旧い文体より、英語の方が遥かに判り易い、と感じられる方も多いかもしれませんね。

The Lord himself shall give you a sign; Behold, a virgin shall conceive, and bear a son, and shall call him name Immanuel.

上の邦訳では単に「をとめ」になっていますが、英語では〈virgin〉つまり「処女」とされていることが判ります。その語に当たるヘブライ語は〈almah〉で、単に「少女」の意味であり、処女〈betulah〉とは違う、と読むべき、とする解釈もあるようで、古くから論争がありますが、いずれにせよ、大事なことは、「インマヌエル」という名です。ヘブライ語では、「神（El）と‐ともにある（inmanu）」の意になるといいます。それが、キリスト教の立場に立てば、イエス、あるいはキリスト（救世主）を指している、という解釈が生まれることになります。

ここには、ほかにも注目すべきことがあります。一つには、神の使いであるガブリエルの、「身籠って男の子を授かる」という発言に、ルカによれば、マリアは、当然のように異を唱えます。「私はまだ男の人と交わったことがありませんから、子供が生まれるはずがありません」。原文でのマリアの言葉の「知る」は、特殊な使い方で「性的な経験を持つ」の意味です。日本語でも「男（女）を知る」という表現は一般に使われています。因みに英語でも〈I know not a man〉となっています。ついでですから、厄介な文語表現よりはむしろ判りやすいかもしれないので、この時のマリアに対する、天使ガブリエルの答えを英語で記しておきましょうか。〈With God nothing shall be impossible〉聖書的な表現から離れれば「神に不可能はない」とまことに簡潔です。つまり、マリアは、処女の儘、神の手で身籠り、イエスを生むことになるのです。そしてマリアは、ここで見事な「信じる」立場を明らかにします。「汝の言のごとく、我に成れかし」。英語では〈Be it unto me according to thy word〉となりますが、マリアの神を信じ切った素直な姿勢が、私たちを撃ちます。それが、この記事の中の二つ目の、最も目覚ましいポイントです。

正しくルカは、自分の常識では考えられないことが起こって、それが神に由来することであるならば、黙って静かにそれを受け入れるしかない、という思いを、このマリアの態度を通じて私たちに告げていると、私には思われるのです。

ルルドの奇跡をめぐって

この「不思議」をどう信じるのか。慥かに厄介な問題です。今は、論述を保留して、近現代における「超自然」的な現象として世界的に知られるお話に触れておきましょう。ここで話題にしたいのは、奇しくも上に述べたイエスの母マリアが、ほぼ二千年の時間を置いて、現前する（？）とされる「不思議」を巡るお話です。既にこの段階で、「そんな与太話があるから、宗教とは縁がないのだ」、と思われる読者もあるかもしれませんが、少し我慢して読み進めて下さい。

一八五八年二月一一日のことでした。フランスとスペインとの国境近く、所謂ガスコーニュの田舎町ルルド（Lourdes）に住まう極貧で、学校行きもままならない十四歳の少女ベルナデット・スービルー（Bernadette Soubirous, 1844~79）の前に、マリアが姿を現したのです。ことはそこから始まりました。

以後、詳しく書くべきなのでしょうが、実は、この件に関しては、幸いにも、実に見事なルポルタージュであり、また優れた事態の検証と解釈でもある書物があります。作家で医師である帚木蓬生さんが、『信仰と医学―聖地ルルドをめぐる省察』（角川選書）という一冊を著しておられるのです。この書物の帯には、「この神秘現象は、奇跡ではなく、確かな科学である」とあります。私としては、屋上屋を架するのは愚かな行為に感じられますが、自分の責任の文章を残さないのも、誠実さに欠けるという想いもありますので、最小限の私なりの記述を簡潔に試みることにいたしましょう。読者は、是非帚木さんの書物を読んでみて下さい。

なお、さらに付け加えれば、一九一二年のノーベル生理学・医学賞受賞者のアレクシー・カレル（Alexis Carrel, 1873~1944）は、この出来事にやはり医師として深い関心を抱き、邦訳として『ルルドへの旅』（中村弓子訳、春秋社）などの著作を残しています。因みに、こうした事実は、この出来事が愚かな与太話ではないことの証になるとお考え下さい。

ベルナデットとマリアの出会い

さて、二月十一日の朝、朝食の準備のための薪がないので、似たような境遇の二人の少女と三人で、ベルナデットは岩山を控えた川の方にでかけました。そこで、彼女は、不思議な体験をしました。光の中に、女性の姿を見たのです。半ば恐怖も手伝って、彼女は、いつも懐にあるロザリオを手にとりますが、何故か十字は切れません。すると女性の方が十字を切ってくれて、自分もそれに従います。その瞬間、ベルナデットは、恐怖は去り、悦びに満たされて、跪《ひざまず》いて祈りの姿勢をとります。一緒にいた二人の少女たちは、そのような場所で跪いて祈るベルナデットの姿に驚き、不審に思います。これが、ベルナデットとマリアの最初の出会いでした。因みに二人の友達たちは、訊かれても何も見なかった、と言うのでした。

その後、彼女の住む村では、教会から警察まで巻き込んで、一大騒動へと発展します。というのも、岩場の小さな洞窟の近くで、ベルナデットは重ねて、周囲の人々が理解できない振る舞いをし、祈りを捧げ、家族をはじめ、周囲の人々から警戒され、詰《なじ》られます。騒ぎはだんだん大きくなります。

余談ですが、こうした「出現」と表現される出来事には、英語で〈apparition〉という特別な言葉があります。日本語ではこの語の意味を適切に表すことができないように思いますが、馴染み深い類縁語に〈appear〉があります。「現れる」、あるいは「のように見える」という意味を伝える語としてよく知られています。〈apparition〉は、客観的に誰の目にもはっきりと見えるのではなく、しかし、「そう見えることがある」、「そう見える人がいる」という感じのニュアンスを伝える言葉です。「幻影が見える」という訳語を付けている辞書が多いのですが、「幻」と断定し切っていない意味合いが残る、大変面白い語だと思います。ベルナデットにとっての「マリア」の出現は、まさしくこの〈apparition〉でありました。

マリアの「出現」

話を戻しますと、この出来事が発端となって、様々な厳しい検証を経て、マリアの出現という事柄が、公式の場面で議論されるようになっていきます。八回目の「出現」は特に印象的です。話は地域で有名になって、色々な人がベルナデットと同行して、問題の岩屋の辺りに集まってきています。ベルナデットの様子が変わり、誰かと話をしている風情、しかし、立ち会った人々には、「見え」ないし「聞こえ」ない。暫くして尋常な姿に戻ったベルナデットに、付き添いが訊きます。「その人は何かを君に話したのか」。「え、貴方には聞こえなかったのですか」。「では君は何語で話したのか」、「私たちの地方の方言です、私には真っ当なフランス語はできないのです」。ベルナデットに伝えられた方言によるメッセージは、「罪びとの為に祈り、贖罪を求めなさい」とのことでした。

こうして人々は、問題の岩屋の辺りで、その人物がベルナデットと直接言葉を伝えあい、「贖罪」の秘跡を与えたことを、信じるようになっていきました。けれども、人々は未だベルナデットの相手がマリアだとは考えていませんでした。ベルナデットとの出会いは、七月一六日まで都合十八回に及びましたが、最終回に近いあるとき、人々に強いられたベルナデットが、相手の名前を訊ねます。その人物は、多少訛りのあるラテン語で〈que soy era Immaculada councepciou〉と答えたとベルナデットが言ったのです。

碌《ろく》に小学校へも行けなかったベルナデットが、多少訛りはあるとしても、このラテン語をすらすらと口に出来るはずはない。とすれば、この言葉は、問題の人物が話したことを、ベルナデットが口伝えしていると考えざるを得ません。そして、〈immaculata conceptio〉というラテン語は、日本語では「無原罪の御宿り」と訳されていますが、マリアが神の力でイエスを宿したことと重ねて、アダム・イヴ以来、通常の人間が連綿と引き継いできた原罪を、彼女は纏わない形で懐妊し、イエスを出産することになった、と考えることを表現するための表現なのでした。実はマリアの出現の話は、ルルドだけではないのですが、世界各地で報じられる「マリアの出現」現象の中でも、このルルドでの「出現」は、最も広く、いわば「公式に」認められる出来事となりました。

ノーベル賞医師の報告

この辺の詳しい事情は、帚木さんの著作で確かめて下さい。しかし、そこまでの話なら、「公式」と言っても、純粋にキリスト教内部での出来事として考えれば済むことでした。処女懐胎など、通常の常識では、およそ非現実的で認められない事情を背負ったマリアが、改めて、現代に顕現するなどという非現実的な事態に関わったとしても、キリスト教という宗教の世界のなかで、信心深い人々が、素直に信じるのはそれとして、それ以上の意味はなかったかもしれません。しかし、事はそれに留まらなかったのです。というのも、ベルナデット自身、岩屋の側の泉で、顔を洗ったり、喉を潤したりしていたこともあって、一種の聖地と化したルルドの泉へ、人々が訪れるようになったとき、泉の水で病が治るという言い伝えが広がったのです。カトリック教会の責任者たちは、この事態を深刻に受け止めました。安易に「奇跡」などという話が広がることを極度に恐れたからです。検証機関を設け、そこで起こった事態を一つ一つ、組織的、科学的、医学的に徹底して検証する制度を立ち上げました。この制度はさらに厳しさを増して、現在でも存続、活動していますが、「治癒」の実例として、広く国際的に人々の耳目を集めた事例が生まれました。それがアレクシー・カレルに関わる話です。

カレルはフランス生まれ、広い学問的な関心を抱きながら、医学を修め、後には渡米してロックフェラー研究所などで研究、一九一二年には、血管の外科的な扱いに関する研究によって、ノーベル生理学・医学賞を受賞した人物ですが、一九〇二年、ルルドへの巡礼団のオブザーヴァーのような形で、特に結核性腹膜炎で明日をも知れぬような状態にある少女に付き添って、ルルドの泉に赴き、そこで彼女が泉の水によって、完癒する様を目撃して、そのことを客観的な報告文として発表、大きな反響を呼ぶことになりました。この報告は、上述の邦訳に詳しく読むことが出来ます。それも含めて、岩屋の壁には、その地まで、松葉杖の助けがなければ歩けなかった人が、泉に浸ることで、不要になった松葉杖が所狭しと並んでいます。

結論だけから言えば、非常に厳しい検証を経て、現在まで何例かは、軽々しく「奇跡」という言葉を使うことは慎むとしても、通常の常識では勿論、科学的検証でも、解釈できないような特殊な事態が起こっている、と確認されるに至っています。

自然科学は「こころ」に立ち入れるか

こうして、それが宗教の本質とどこまで関わるかは別にして、宗教には、超自然的な出来事が付き纏うことは、殆ど必然的であるように思われます。こうした点をどう考えるか。留保してきた、この問への私なりの答えを記さなければならないところへきたようです。

もともと、こうした現象は「超自然的」とされる以上、「自然」を相手に、その合理性を探求する自然科学が、介入する余地が論理的に無い分野です。言い換えれば、「超自然現象」を自然科学が説明したり解釈したりすること自体が、そもそも論理矛盾というべきだと思います。そうだとすれば、問題は、そのような、原理的に自然科学が扱えないような世界を認めるか否か、という問いかけが生まれます。

この問いに「認めない」と答える人には、一つの困難が待ち受けます。デカルト的な分析に基礎を置く「心身問題」（あるいは物心問題）の中の「心」現象をどう捉えるか、という問いへの困難と言い換えてもよいでしょう。既述のようにデカルトは、「もの」の定義を〈extentio〉（日本語では「延長」と訳されるのが普通です）によって与えます。彼の場合、この「延長」は「空間」の次元に留まりますが、私見によれば、「時間」の次元を加えるべきだと思っています。「延長」というのは「広がりを持つ」というような意味ですが、確かに「もの」は空間の次元で「広がり」を特性とすると考えられますが、時間における一瞬だけ「広がって」いても、それを私たちは、「空間の次元の中で広がっている」とは感得出来ないはずです。それはともかく、「もの」の特性が延長にあるというのは、もっともに見えます。広がりがあるからこそ、誰もが、視覚や触覚などの感覚によってその実在を確認することができる、言い換えれば、「客観的」にその存在を確認できることになります。そして、近代ヨーロッパに育った自然科学は、まさしく「もの」が時間・空間の中でどのように振舞うか、その原理を追求することをもって、自らの使命とする、と思い定めてきたと考えられます。

他方デカルトは、人間に関して、「もの」としての身体の存在とは完全に別個に、「こころ」の存在を認めました。それが「我惟う、ゆえに我在り」の言明を基礎とした「こころ」の実在の確認でした。デカルトの、第一人称現在の言明に基づくこの議論が、客観的な「こころ」の実在の証明になっているか、という点に疑問は残りますが、少なくとも「こころ」の存在の様式が、「もの」の存在の様式とは根本的に異なっている、という論点は、明らかにすることに成功しているように思われます。

そして、自然科学が「こころ」には立ち入らない、あるいは、「こころ」は自然科学が立ち入るべき領域ではない、という考え方は、現在までほぼ定着しています。例えば、アメリカの二十世紀の心理学者J・B・ワトソン（John B. Watson, 1878~1958）は、「こころ」を扱う「心理」学は、科学的であろうとする限り「心」理学であることは諦めて、「行動」理学になるしかない、と明言しました。いわゆる「行動主義心理学」の誕生です。

ただ、上述の文章の中で「ほぼ」という留保を付けたのは、現代の大脳生理学の一部が、「物質現象」として「こころ」を解明しつつある、と主張していることに配慮したからです。デカルトに立ち返れば、原理的にその主張は不可能であることは明らかですが、少なくとも、「こころ」現象と「物質現象」との間の並行関係に辿り着く試みとして、全否定する必要はないのでは、とは思っています。

世界は自然科学だけでは理解できない

話が大分逸れました。言いたかったことは、私たちの身近にも、自然科学が手を出せない、或いは少なくとも、自然科学の扱う世界とは次元が異なる領域が少なくとも一つはある、ということでした。それが「超自然」現象を認めることの基礎にはなりませんが、少なくとも世界は自然科学だけで十分理解できる、という楽観主義は、成り立たないことの理由付けにはなるのではないでしょうか。

しかし、すでにベルナデットの場合でも明らかなように、マリアの「出現」は、他の人達の感覚が捉えきれないものでした。つまり「客観性」に欠けることも明らかです。もっとも、ルルドの泉に浸ることによって、永年の病苦から解放された人々が多数に上っていることは、客観的な事実として受け入れなければなりますまい。帚木さんは、医学、あるいは科学の立場から、一種のプラセボ効果ではないか、という考えを説いておられます。医学者としては、当然、或いは必然の解釈であろうと思いますし、肯綮《こうけい》に当たるご意見だとは思いますが、問題の全面的解決にはならない、というのが私の意見です。

第2章で、「知る」と「信じる」との基本的な差異について言及しました。人間の特性のなかに、この二つの行為があることは、否定できないはずです。客観的な根拠なく何かを「認める」ことが「信じる」ことであるならば、私は、超自然現象に関して、「信じる」という立場があってもよい、あるいは、あってしかるべきだ、という想いを持っています。そして、プラセボ効果の中には、この「信じる」という心の構えが関わっているのでは、とも思っています。読者は如何お考えでしょうか。

最後に、私には『奇跡を考える』（岩波書店、のち講談社学術文庫）という一冊があります。ご参考になるかもしれませんので、付け加えさせて戴きます。

終章　信仰と私

カトリシズムと禅仏教の対話

ようやく、意図したテーマについて、充分ではないにせよ、最小限の目標に近づいて、結論めいたことを書く段階に至りました。日本人として、曲がりなりにも私は、キリスト教の組織の中におります。ただ本書で書いたことの大半においては、その個人的な立場は、取り敢えずは捨象した上での記述になっているはずです。どこかで、踏み外した形跡がある、とお考えの読者がおられたら、お許しを請うしかありません。

しかし、日本の風土には、抜き難く「惟神《かんながら》の道《みち》」という背骨が通っていることは、紛れがありません。その風土の中で育った私も、その点に関しては、免れていないことを自覚しております。もっとも、本居宣長によれば「惟神の道」とは、単に、天地の自然に従う道ではない、のだそうで、伊邪那岐、伊邪那美の二柱の大神に始まり、天照が受け継ぎ、歴代の天皇に伝わる独特の「道」ということになります。そこまで、解釈を定めて考える以前の、例えば『古事記』の初めの頃の巻に現れる、様々な自然の姿を、それぞれの神と名付で結びつけるような素朴な「道」であれば、私の中には、明らかにそれを肯定するような思いが潜んでいることは確かなようです。その私が、キリスト教、その中でも「右翼的」と解されることの多いカトリックの世界の片隅にいる、ということとの間に、問題はないのか、と問われれば、無論「ある」と答えなければなりますまい。作家遠藤周作は、まさしく、この問いに生涯かけて取り組んだ人でありました。彼の晩年の著作『深い河』は、彼なりの答えとみることが出来ましょうし、私には、彼のような表現力はありませんから、彼の到達したところをほぼ百パーセント共有するほかはないのですが。

いずれにしても、自然の山河、海、森、巨樹、巌……の前に、静かに頭を垂れることが、カトリシズムの教義に根本的に違背するとは、勝手な解釈かもしれませんが、私には思えないのです。

少し異なった次元の話になりますが、ドイツ生まれ、イエズス会の司祭として日本で生涯を終えた（国籍は日本へ帰化）フーゴー・ラサール（Hugo Lassalle, 1898~1990）という方をご存じでしょうか。帰化後の日本名を愛宮真備《えのみやまきび》と号されました。師は、広島に赴任中、原子爆弾の災禍に遭い、世界から浄財を募って、広島に世界平和記念聖堂という教会を建立しました。その際設計施工に当ったのが、文化勲章受章者、東京の日生劇場の設計者として広く知られる建築家村野藤吾（一八九一～一九八四）氏でした。

さらに世界平和の実現のための実践活動の一環として、禅とカトリシズムとの結びつきを生涯に亘って実行することになります。広島時代、すでに神瞑窟と称する禅の修行場を設けておられた由ですが、赴任先が東京になった際に、東京秋川に禅修行場「神冥窟」を造られたのです。イエズス会「無原罪の宿り」（この概念については前章一九〇頁をご参照下さい）修道会の管轄にあるこの修行場は、やはり村野氏の設計になるものでした。この伝統は、イエズス会経営の上智大学に継承されています。

他方、京都では禅文化研究所があって、臨済宗天龍寺派の管長であった故平田精耕（一九二四～二〇〇八）老師が活動され、あるいは、より積極的に曹洞宗永平寺の弟子丸泰仙（一九一四～八二）老師は、東西の宗教の相互乗り入れに力を尽くされました。特に弟子丸老師は、フランスとの関係が深くパリに仏国禅寺を建てたり、国際禅協会を創設（一九七〇）したり、禅の僧侶をヨーロッパの修道院へ、またヨーロッパの修道僧を日本の禅寺に、交換的に招聘を続ける、というような活動をされてきましたし、師の蒔かれた種は今も花開いています。

宗教同士がお互いに反目し合うのが常識のようになっていて、実際、今パレスティナで起こっている事態は、まさしく、この常識を裏書しているように思えます。しかし、ここに挙げたカトリシズムと禅仏教との相互関係は、上のような常識が必ずしも正しいとは限らないことを証しているように思えます。

そして、そのことは、人間が「知る」と「信じる」の双方の営みを、等しく共有していることの証でもあるように、私には思えます。

「信じる」ことと「愛する」こと

その一つの現実化が「愛」だと言えないでしょうか。この語はとても広い意味を持っています。ギリシャ哲学でいう「アガペー」もその一つでしょうし、性愛もその一つに入るでしょう。いずれにしても、「愛」は基本的に見返りを求めないものです。誰かを好きになるとき、それは先ずは一方的なヴェクトルで始まります。やがて、相手にも、自分への関心を求める心も芽生えますが、最初の愛の衝動は、一方的です。つまり「愛」は、客観的でない出発点から始まるという点で、「知る」ではなく「信じる」という営みの一側面と考えることが出来ます。簡潔に言ってしまえば、「信じる」ことと「愛する」こととは、類似、あるいは平行の現象と言えそうです。

世の中にはご利益宗教、あるいは少なくともその制度の中に御利益を保証する宗教が存在します。信徒の側からすれば、「信じる」代わりに「見返り」を求めるわけです。人間はもともと弱い存在ですから、辛い時、苦しい時に、自分を超える者に、「救い」を求めます。十四世紀に世界中を襲った「パンデミック」、という言葉は、コロナ後の日本語の社会でも日常語になりましたので、その言葉を使えば、史上最も苛烈なパンデミックとなったペストの流行に際して（日本は不思議にこの時大きな影響を受けることなく済んだようなのですが）、各地に、この災厄を取り除いてくれるよう、神に（とさしあたっては書いておきますが）祈念するモニュメントやお堂が建てられました。だから、「ご利益」の側面を否定してしまうことは私にはできません。しかし、それは、「信じは「愛する」ことに付随して起こることではあっても、宗教の本質においては「なくてよい」ものだと私は思うのですが。

もっとも、普通人間の愛は特定の相手に向けられます。しかし、人間の面白いところは、特定しない相手に愛を向けることができる点にあります。客観的に実在する確かな相手ではなく、自分の「知る」ことのない相手への愛を、時に信じることが出来るのが人間です。私は余り使わない言葉ですが、「人類愛」、あるいはフランス革命の合言葉の一つになった「博愛」がそれに当たるでしょうか。

一方で、一般に宗教は、他宗に対して寛容でない、むしろ極めて攻撃的であることは歴史が物語っていますし、現実の世界でも、それが非常に深刻な国際情勢を生み出している事態は、繰り返し強調しなければならない「宗教問題」であることは、疑い得ませんが。

自分が関わっている宗教なので、どうしても、そこから例を取り上げることになるのをお許し戴いて、『新約聖書』の中にも「異邦人」と翻訳されている概念がしばしば登場します。それが基礎になって、中世の十字軍のような、極めて好戦的な他者排除、他宗派攻撃を生み出していることに目を塞ぐわけにはいきませんし、そしてイエスの語った言葉の中にも、「異邦人」に相当する語があることも、認めなければなりませんが、しかし、イエスの教えの真髄ともいうべきエピソードも忘れることが出来ません。それは「善きサマリア人の教え」として知られるお話です。不思議なことに、このエピソードはルカのみによって伝えられていて、その他の福音書には言及がありません。例によって、判り難いのをお許し戴いて、聖書から直接引用してみます（多少読み易くしてあります）。

イエスに鎌をかけようと「永遠の生命を得るためになにをすべきか」という敵役の問いかけにイエスはこう、答えます。

「律法《おきて》に何と録したるか、汝いかに読むか」。（相手は）答へて言ふ「なんぢ心を尽し、精神を尽し、力を尽し、思を尽して、主たる汝の神を愛すべし、また己のごとく汝の隣を愛すべし」。イエス言ひ給ふ「汝の答は正し、之を行へ、さらば生くべし」。

そこで得たりと敵役は「隣とは誰か」と問います。イエスの答えを、少し長くなりますが、原文のまま引用します。

或人エルサレムよりエリコに下るとき強盗にあひしが、強盗どもその衣を剝ぎ、傷を負はせ、半死半生にして棄て去りぬ。或祭司たまたま此の途より下り、之を見てかなたを過ぎ往けり。又レビ人もここに来たり、之を見て同じく彼方を過ぎ往けり。然るに或サマリヤ人、旅して其の許に来たり、之を見て憐み、近寄りて油と葡萄酒とを注ぎ、傷を包みて己が畜《けもの》にのせ、旅舍《はたごや》に連れゆきて介抱し、あくる日デナリ二つを出し、主人に与へて、「この人を介抱せよ、費もし増さば、我が帰りくるときに償はん」と云へり。汝いかに思ふか、此の三人のうち、孰か強盗にあひし者の隣となりしぞ。

（ルカによる福音書、第十章二五節以降）

そしてイエスは当然の答え、つまり「サマリア人」を相手から引き出して、去って行きました。ここで多少の解説が必要かもしれません。隣人候補のうち、第一の人物は「祭司」とされますが、これは言うまでもなくユダヤ人社会の中で、特別の部族として尊敬されるところから生まれる聖職者を指します。二番目の「レビ人」というのは、ユダヤ社会を構成する十二支族には数えられていないようですが、ユダヤ人であることは間違いがありません。しかし三番目の「サマリア人」は、当時のユダヤ社会の周辺に暮らしてはいるものの、宗教上もユダヤ教から見れば異教の「サマリア教」を奉ずる人々で、ユダヤ人からは異邦人として蔑まれていた人々でした。

このイエスの喩え話は、民族差別、或いは宗教差別を根底から覆し、他者への愛、異邦人への愛を実行する人々こそ、神に嘉《よみ》される人であることを明言していると考えられます。誰もが自分を愛する。その愛は、全ての同胞に広げるべきであること、しかも無償で、つまり何も見返りを求めないで、ただ「愛する」ことが、神に繋がる唯一の道である。イエスはそう言っているようです。念のためですが、イエスが「異邦人」と言うときの意味は、神を愛さない人々のことでしょう。

人間中心主義をめぐって

そして、宗教におけるこの構造は、広く人間以外の相手にも拡大できる契機を備えていると申せましょう。仏教における有名な教えを思い出します。大蔵経の一つのヴァージョン『大正新脩大蔵経』にあるお話ですが、鷹に追われた鳩がある王様の許に逃げ込んできました。王様は鷹に、鳩の命乞いをしました。しかし、鷹は、私も命を繋ぐためには食べなければならない、と迫ります。王は、では鳩の目方と同じだけ私の体の一部を上げよう、と提案します。そして、天秤の片側に鳩を載せ、もう片側に、自分の身体から切り取った肉片を載せます。天秤は鳩の側に傾いたままでびくともしません。最後に王様は、そっくり自分自身を秤にのせます。天秤は漸く動いて、釣り合った、というお話です。この時、失われた王様の肉切れは、帝釈天の救いによって、元通りに償われた、という決着がついているようですが、ここでの教えは、尊いのは人間の命だけではない、他の生き物の命も、同じように価値があるのだ、ということを説くものとして、ユダヤ・キリスト教の「人間中心主義」を補うべき、一つの宗教的境地があることを私たちに教えてくれます。

ここで、ユダヤ・キリスト教（そして暗々裏には、両教を基礎とするイスラム教も含めて）の「人間中心主義」（anthropocentricism）に関して一言しておくべきかもしれません。両教共通のテクストである『創世記』第一章では、神の手で、この世界における万物が創造される次第が描かれますが、人間（具体的には人間の祖であるアダムとイヴ）は、他の被造物と違っています。神は、「自分の姿に似せて」人を造ろうと言い、その通りにした、とされています。そして、自分が創造した被造物の世界を、人間に「支配せよ」と命じたことになっています。更に、同書の第二章の同じ個所では、「土の塵を以て、人を造り、生気《いのちのいき》を其の鼻に嘘入れ給へり」とあって、人間だけが、神から特別扱いの形で創造されたことが強調されています。「生気」と訳されている語は、ヘブライ語では判り難いので、念のために英語で引用しますと〈the breath of life〉となっています。なお全く余計なことですが、上の「自分の姿に似せて」という文章ですが、原文は「我らの像のごとくに」と複数格が使われています。唯一神であるはずの神が、複数形で表現されていることはよく問題にされるのですが、ユダヤ教の世界では、尊敬、或いは神聖な対象を表現するときに複数形が使われることがある、という解釈が一般的です。キリスト教の場合は、しばしば神の三位一体、つまり信仰の対象としての神が「父と子と聖霊」という三つの位格を備えているという解釈〈Trinity〉に関連付けることも行われているようです。勿論これは後付けの解釈で、「子」つまりイエスを神の子として認めないユダヤ教の世界では通用しないことは明らかでしょう。

話が逸れました。ユダヤ・キリスト教的世界での人間の特別な地位への信頼の根拠は、上のようなものですが、これに正面から異なった解釈で挑んだのがアシジの聖フランチェスコ〈伊＝Francesco d'Assisi, 1182~1226〉でした。フランチェスコは、神の被造物はすべて、同じ地平に立って、等しく神の賛美に参加する、という思想を広げようとしたと伝えられています。彼の生涯を描いたイタリア映画のタイトルは〈Fratello sole, sorella luna〉つまり「兄弟・太陽、姉妹・月」というわけで、被造物の世界がすべて人間と繋がる兄弟姉妹なのだという彼の思想を的確に表現したものでした。つまり、キリスト教の内部でも、行き過ぎた人間中心主義への反省は、古くから存在したことになりましょう。そして、ここでも、対象への「無償の愛」が根底にあると言うことが出来ます。

この章の最初に戻れば、「惟神の道」もまた、私たち人間に接する自然物すべてへの「愛」と読み替えることが可能ではないか、と言ったら、牽強付会も甚だしいという誹りがあるでしょうか。小さきもの、名も無く、栄えもなく、どこかに埋もれてしまっているもの、そうした何かにも、愛を抱く姿勢、それは、「惟神の道」を辿ろうが、仏教の教えに従おうが、ヒンドゥ、イスラム、そしてキリスト教の道を辿ったとしても、同じ行き着く先なのでは、という想いを持ちます。

私がたまたまキリスト教の片隅にいることとの、一つの基盤は、眼にするすべてのものへの、「愛」の心を「信じ」たい、というところにあるような気も致します。「信じたい」のであって、「信じます」と断言できない弱さは拭えませんが。さらに、そうした全てのものの背後に、それらを統べる何かを想定し、そこへ個別のものへの愛が届けば、その愛は完成される、そんな思いが私の中にはあります。

もう少し現実的には、例えば遠藤周作が描く『沈黙』のなかで、ロドリゴ神父が踏み絵を踏むか、という場面を考えてみます。私だったら、とっくに踏んでしまっていると思います。それを拒否して酷い拷問にあったり、殺害された人々の、誠実さと剛毅な勇気とは、弱い私にはありません。きっと私は、もしそういう場面に引き据えられたら、愛の神は、沈黙の背後で「踏むがよい」と言ってくれているだろう、と勝手な理屈をつけるだろうと思います。勿論、言うまでもないことですが、断固「踏まない」人々の強さを私は尊敬しますし、「有難い」存在だと思いますし、翻って、自分自身は、とてもだらしない、信徒というに値しない卑怯な存在であることを、自覚してもいます。これは決して謙遜の辞ではありません。真率な言明です。

私はなぜカトリシズムにとどまるのか

そういう私は、これも真っ当な信徒から非難を浴びるでしょうが、絢爛《けんらん》たる教会や堂塔に馴染みません。文化財保護、という特別な観点を除けば、法隆寺は焼けてもいいと言い切った坂口安吾の逆説に賛同したくもなります。田んぼの片隅に草で埋もれている野仏が好みです。ヨーロッパの堂々たる教会堂の美々しさに圧倒されながら、この教会の建立にどれだけの人々の犠牲があっただろうか、とつい考えてしまい、やはり麦畑の間に僅かに顔を覗かせる、朽ちかけたマリア像に、そうあの映画『未完成交響楽』のラストシーンに現れるマリア像にこそ、宗教の真の姿があると考えてしまいます。

それならお前は何故伝統色の強固で、形式主義的で、権威主義ともとれるカトリックの中に留まるのか。そんな厳しい読者の反応があるかもしれません。例えば、子供のころ事情があって内村鑑三派の集会に参加していて、今でも内村の考え方には深い尊敬と共感を抱いています。彼は、此の世の権威主義的な教会とその組織とから自由になったキリスト教を標榜して活動を続けました。教会は一人一人の胸の内にこそある。見事な考え方です。

それでいながら何故？　私は、この問に答えなければならないはずです。恐る恐るですが、試みることにします。第一に、私が理解するカトリシズムは、形式主義でもなければ、他者批判、他者攻撃的でもない、と勝手に考えているからです。一つには、その語そのものにあります。ギリシャ語（ローマ字化しておきます）の〈katholikos〉の意味は、「全体の」「普遍的な」で、英語に直せば〈universal〉が原意ということになります。「全人類に遍く」という意味を伝えています。

考えてみると、もしそうであるならば、キリスト教、特にカトリシズムの世界で問題になる「未布教国」、つまり地球上で、まだキリスト教を知らない国々、ということ自体が、語義矛盾にならないでしょうか。歴史の上で、キリスト教を世界に広げる役割、つまり「福音事業」を担った人々の努力と犠牲は、どれほど評価してもよいと思う反面、同じ役割の名のもとに行われてきた蛮行（例えば南米の状況を思い出せばよいでしょう）などには、どれほどの反省も追い付かないという、両面性があります。しかし、「カトリック」という言葉を本気で捉えれば捉えるほど、地球上に広がるそれぞれの宗教の多様性はそれとして認めつつも、辿りつく最終点は、実は同じ「究極の愛の源」としての神なのでは、それを何と呼ぼうが（遠藤周作は『深い河』では、神父の道を歩もうとする小さな魂に、奇想天外に「玉ねぎ」と言わせています）、それでこそ「カトリック」（普遍的）ではないか、そんな思いがあります。

この点に関して、一つだけ客観的な事実をお伝えしましょう。社会学の学術用語に〈acculturation〉という言葉があります。通常「文化変容」と訳されますが、一つの文化が他の文化の中に「土着」することによって、双方の文化に変容が起こることを指します。キリスト教の世界では、キリスト教が、他の宗教圏に、それなりの適応を経験しながら土着することを指します。しかしカトリックの世界では、最近〈acculturation〉という言葉を捨てて〈inculturation〉を使うようになっています。この言葉に、福音をまだ知らない地域にそれを教え伝える、というのではなく、その地域の中にも本来的に伏在しているはずの福音を顕在化させる、それが福音活動なのだ、という意味を載せる意図があるからのようです。

言葉の詮索で言えば、やはりキリスト教、とくにカトリシズムでしばしば語られる「エキュメニズム」という言葉にも、そうした傾向がみてとれるように思います。ギリシャ語（ここでもローマ字化しますが）の〈oikoumenikos〉に由来する言葉ですが、「人が住んでいる地域」つまり「全世界」という意味があります。つまり「普遍的」ということの別の言い方ですが、通常は、「全キリスト教界を統一して」という意味で使われます。しかし、むしろこの語は「全宗教を統一的に扱おう」という提言を載せた言葉であります。

カトリシズムは、こうして、思いがけず「柔軟」とでも言える側面を持っている、というのが、私の勝手なカトリシズム解釈です。正統派からは「異端」として弾劾されるかもしれませんが、それだけの柔軟性を備えていなければ、二千年を超える年月を、志を繋いで来られなかったのではないか、とも思うのです。

何だか出鱈目で、何でもよいような、そんな自分勝手で、いい加減なカトリシズム解釈は根本的に間違っている、そのような批判のほうが常識であり、良識であるのでしょう。あるいはそうかもしれません、いや、そうなのでしょう。しかし、それだけの包容力、許容力を備えたカトリシズムの枠組みの中で、人間一人一人、自分が信じる規矩を定めて、それに忠実に生きる、それしかイエスの教えに従おうとする自分の信仰はないのではないか。まことに情けない、不信仰の徒の言い分のようで、恥ずかしいかぎりですが、それを私の本書での結論としておきたいと思います。

あとがき

前著『エリートと教養』（中公新書ラクレ）のあとがきの中で、私は思わぬしくじりをしてしまいました。少し気負っていたのでしょう、自分にはまだし残した仕事が残っている、と、自分の未来への義務を書いてしまったのです。自分の未来を縛る言説、滅多にやらないことでした。それが宗教だったのです。お蔭で、というのも変ですが、中央公論新社では、重ねてその機会を造って下さいました。それは真に有難いことでしたが、苦痛でなかったわけでもありませんでした。宗教、とんでもなく大きな話題です。その専門家でもない私が、何事か、世の中のお役に立てるようなことができるか、始めてみて、直ぐに、その想いで筆は進みませんでした。何とかこうして、あとがきを書くところまで到達したのは、自らに課してしまった義務を果たさねば、という想い一つでした。

日本社会は、表面的には極めて世俗的な性格を持った社会です。宗教を正面から取り上げることに、どこか躊躇を感じさせる、そんな社会です。個人的に、信じる人は信じればよい、無縁でも、誰からも何も言われないし、言われる筋合いもない。ときに、特殊な教団が、反社会的な行動に出る、そんな時には当然糾弾すべき負の要素を持った存在だ。それでなくとも、何かの信者、信徒である人は、何処か頑なで、自分たちの殻に閉じこもり、オープンに付き合い難い。新しい命の誕生の記念には神社が、燃え尽きた命の終焉を記念するにはお寺が、それぞれ、社会的な機能を果たしてくれている、それで充分ではないか。

そんな雰囲気が、社会の中にぼんやりとですが澱んでいて、私自身、ある宗教の片隅に身を置いていながら、日本社会のそのような底流を、多少とも共有していることに気づきます。

学校教育でも、キリスト教のミッショナリーや仏教の教団が経営する私学は、数多くあって、そこでは何らかの自派の原理に関して、生徒たちに伝えてはいますが、一般の公教育では、宗教について何かを学ぶとすれば、歴史での、日本への仏教の伝来と、その政治的な影響や、ヨーロッパ中世での「十字軍」だの、それぞれ歴史的な事件を通じて、間接的に学ぶ機会はあっても、正面から宗教一般を取り上げるような機会は、あまり見当たりません。

そのような自己診断と自己反省とが、本書を書く動機となっています。とても充分な結果が得られた、と自負できるものではありませんが、上に述べたような社会の底流を成す漠然とした雰囲気に、小さくとも風穴を開けることが出来たのなら、と思います。

今回も多くの方の助けを戴きました。前著に引き続いてお世話になった中央公論新社の黒田剛史さんと新たに加わって下さった疋田壮一さん、いつも実質的に編集業務に携わって下さる今井章博さん、そして何よりも、旧約聖書学の研究者として世界的に知られる畏友東京大学名誉教授関根清三さんには、幾つか大切なご注意を戴きました。記して心からの感謝を捧げます。

二〇二四年一一月

村上陽一郎

村上陽一郎　Murakami Yoichiro

1936年東京生まれ。科学史家、科学哲学者。東京大学教養学部卒業、同大学大学院人文科学研究科博士課程修了。東京大学教養学部教授、同先端科学技術研究センター長、国際基督教大学教養学部教授、東洋英和女学院大学学長などを歴任。『ペスト大流行』（岩波新書）、『科学史・科学哲学入門』（講談社学術文庫）、『文化としての科学／技術』（岩波現代文庫）、『エリートと教養』（中公新書ラクレ）、『音楽 地の塩となりて』（平凡社）など著書多数。

中公新書ラクレ 831

科《か》学《がく》史《し》家《か》の宗《しゅう》教《きょう》論《ろん》ノート

2025年1月10日発行

著者……村上陽一郎《むらかみよういちろう》

発行者……安部順一

発行所……中央公論新社

〒100-8152 東京都千代田区大手町 1-7-1

電話……販売 03-5299-1730　編集 03-5299-1870

URL https://www.chuko.co.jp/

本文印刷…三晃印刷　カバー印刷…大熊整美堂　製本…小泉製本

Published by CHUOKORON-SHINSHA, INC.

Printed in Japan　ISBN978-4-12-150831-7　C1214